신방수 세무사의
직장 생활에서 한 걸음 앞서 나가는
Reset 회계 공부

신방수 세무사의

직장 생활에서 한 걸음 앞서 나가는

★★★ **Reset** ★★★
회계 공부

신방수 지음

회계와 재무제표를 알면
직장 생활이 술술 풀린다!

매일경제신문사

머리말

직장 생활을 포함한 일상 생활 속에서 '회계의 중요성'을 몸소 경험했을 것이다. 회계와 담쌓고 사는 사람들까지도 말이다. 하지만 회계, 더 나아가 재무제표를 잘 알고 싶어도 이게 잘되지 않는 것이 현실이다. 익숙하게 처리할 때까지 시간이 걸리기 때문이다. 그래서 중도에 회계를 포기하는 경우가 많다. 하지만 직장 생활을 하는 동안은 회계를 공부할 수밖에 없다. 왜 그럴까?

첫째, 기업의 실적(경영성과)을 공유하기 위해서다.

기업은 그들이 보유한 자원을 바탕으로 사업을 벌려 이윤을 추구하는 단체다. 이에 기업에 재직하고 있는 모든 직장인들은 공통적인 목표를 위해 각자의 임무를 수행하고 있다고 해도 과언이 아니다. 이 과정에서 실적을 계산하고 공유하는 것이 필요하다. 이때 회계가 필요하다.

둘째, 각종 의사결정의 근거로 삼을 수 있기 때문이다.

모든 경제의 기본 바탕은 투입과 산출로 요약된다. 투입이 없으면 당연히 산출도 없다. 그런데 투입과 산출을 제대로 파악해야 경제 질서가 잡히고 더 나아가 이해관계자들을 만족시킬 수 있게 된다. 이때 회계는 투입과 산출의 내용을 객관적인 수치로 표시해준다. 이에 따라 이해관계자들은 회계가 제공해준 정보를 근거로 다양한 의사결정을 할 수 있게 된다.

셋째, 1인 기업의 운영을 위해서라도 회계가 필요하다.

향후 1인 기업을 설립·운영하기 위해서는 반드시 회계를 이해해야 한다. 기업의 탄생부터 소멸하는 과정까지 회계기준과 상법, 그리고 세법 등에서 제시하고 있는 일정한 룰에 따라 회계정리가 되어야 하기 때문이다.

이 책은 이러한 관점에서 회계에 많은 시간을 투자했지만, 성과를 거두지 못한 직장인들을 위해 그동안 수많은 베스트셀러를 탄생시킨 저자가 실무를 하면서 경험한 내용들을 모아 심혈을 기울여 집필했다.

그렇다면 이 책은 다른 책에 비해 어떤 특징들이 있을까?

첫째, 회계와 재무제표의 전반을 다루려고 노력했다.

실제 회계와 재무제표에 대한 내용을 책 한 권에 담는 것이 그렇게 쉽지가 않다. 기초원리만 다룰 수도 없고, 그렇다고 깊이를 더하면 책의 분량이 확 늘어나기 때문이다. 이에 저자는 독자의 입장을 헤아려 실무에서 중요하게 다루어지고 있는 내용들 위주로 회계의 전반을 다루고자 노력했다. 이 책의 주요 내용은 다음과 같다.

· **제1장** 회계 핵심개념 잡기
· **제2장** 회사이익의 계산과 분배방법

둘째, 회계원리부터 재무제표 활용법까지 다루었다.

재무제표는 회계처리에 의해 탄생되는데, 이의 처리가 잘못되면 왜곡된 표를 읽는 우를 범하게 된다. 이런 재무제표는 정보의 가치가 없는 것은 두말할 필요가 없다. 이 책은 독자들이 여러 기업의 재무제표를 접할 때 비판적인 시각에서 재무제표를 분석하고 활용할 수 있도록 다양한 각도에서 핵심 포인트를 알려준다.

셋째, 1인 기업을 운영할 때 도움을 받을 수 있도록 했다.

이 책은 회계와 재무제표에 대한 지식을 쌓는 것이 아니라, 본인의 상황에 맞게 회계정보를 활용할 수 있도록 하는 데 목적이 있다. 따라서 처음부터 끝까지 모든 내용을 정독하다 보면 회계에 대한 통찰력이 생길 것으로 기대한다. 그 결과 1인 기업에 대한 회계관리도 척척 해낼 수 있을 것이다.

이 책은 직장인은 물론이고 회사를 운영하는 대표자 등 모든 분들이 보면 좋을 것이다. 또한 회계가 뭔지 궁금한 대학생과 기타 일반인들도 보면 좋을 내용으로 가득하다. 다만, 독자의 관점에서는 다소 어려운 부분이 있을 수 있는데, 이때는 저자의 카페(네이버 신방수세무아카데미)를 활용해 궁금증을 해소하기 바란다.

이 책은 많은 분들의 도움을 얻어 집필되었다. 우선 이 책의 집필에 이론적이고 실무적인 영감을 준 기업 고객들과 세무법인 정상의 임직원 그리고 저자가 운영하고 있는 카페(네이버 신방수세무아카데미) 회원분들께 감사의 말씀을 드린다. 또한 좋은 편집과 디자인 작업을 해주는 출판사의 배성분 팀장님과 공민호 실장님, 그리고 책의 집필 방향에 도움을 준 아내 배순자와 대학교에서 회계와 경영을 배우고 있는 두 딸 하영이와 주영이의 관심과 성원에도 감사의 말씀을 드린다.

아무쪼록 이 책이 회계를 알고자 하는 대한민국의 모든 회계 초보자를 위해 조그마한 도움이라도 되었으면 한다.

역삼동 사무실에서
세무사 신방수

C o n t e n t s

이 책을 읽기 전에 다음 사항을 참고하시기 바랍니다.

1. 회계기준의 확인

이 책은 실무에 필요한 내용들을 위주로 기술된 책으로 기업회계기준을 일부 반영하고 있습니다. 한국채택 국제회계기준(K-IFRS)과 중소기업회계기준 및 세부 계정과목 해설 등에 대해서는 '한국회계기준원' 홈페이지를 참조하시기 바랍니다.

2. 효과적인 재무제표의 이해방법

이 책은 '회계원리 → 재무제표 구성요소의 이해 → 각 개별재무제표 분석 → 개별재무제표 통합 분석' 등의 순서로 기술했습니다. 이러한 방식으로 재무제표를 이해하는 것이 맞는 방향이지만, 실제 재무제표를 작성한 경험이 없는 상황에서는 재무제표 공부가 피상적으로 흘러갈 가능성이 있습니다. 따라서 재무제표를 좀 더 확실히 이해하고 싶다면 시중에 나와 있는 전산회계책을 구입해 분개도 해보고, 재무제표도 직접 만들어보면서 학습을 하는 것이 훨씬 효과적일 수 있습니다. 회계는 눈으로 익히는 것이 아닌, 실제 숫자를 만지면서 익히는 것이 좋습니다.

3. 재무제표와 세법과의 관계에 대한 이해

기업이 매년 내는 법인세 등은 회계기준에 따라 생산된 재무제표에 익금과 손금을 가감해 과세소득을 산출하고 있습니다. 따라서 기회가 주어질 때마다 기업회계와 세무회계의 관계를 파악해보시기 바랍니다.

4. 책에 대한 문의 및 세무회계 상담 등 안내

책 표지 안 날개 하단을 참조하시기 바랍니다.

제 **1** 장

회계 핵심개념 잡기

01
도대체
회계는 뭘까?

"회계는 무엇이라고 생각하나요?" 이러한 질문을 하면 이에 대해 제대로 답변하는 사람들이 드물다. 회계가 회계처리를 말하는 것인지, 장부를 말하는 것인지, 재무제표를 말하는 것인지 제대로 정리가 안 된 탓이다. 그렇다면 이 책의 독자들은 회계를 어떤 식으로 이해하는 것이 좋을까?

이에 대한 답을 찾아보기 위해서는 회계개념에 대한 정의부터 알아보자. 일반적으로 회계는 다음과 같이 정의된다.

> "회계란 기업의 경영활동에서 발생하는 각종 재산의 증감 변화를 일정한 원리·원칙에 따라 기록·계산·정리해서 그 결과를 출자자, 채권자 등 기업의 이해관계자들에게 전달하기 위한 수단을 말한다."

이를 토대로 회계에 대한 개념을 정리해보자.

첫째, 기업[1]의 경영활동과 관련해 발생한 재산의 증감 변화를 기록·계산·정리한다.

여기서 재산은 기업이 보유한 자원을 의미하며, 경영의 결과 이의 증감 변화를 모두 숫자로 측정할 수 있는 것이 회계임을 의미한다. 이처럼 회계는 숫자로 기록되고 정리되는 것이 원칙이다.

둘째, 이러한 재산의 증·감 내용을 일정한 원리와 원칙에 따라 기록·계산·정리한다.

기업의 이해관계자에게 유용한 정보를 제공하기 위해서는 통일된 회계기준 등에 따라 처리가 되어야 함을 말한다. 자기만 알고 있는 방식으로 처리하는 것이 아니라 모든 사람이 인정하는 방식으로 처리하는 것이 회계인 것이다.

셋째, 출자자나 채권자 등 기업의 이해관계자에게 정리한 결과를 전달하는 수단을 말한다.

재산의 증·감과 관련된 내용을 이해관계자들에게 전달할 때 어떤 수단이 있어야 함을 말한다. 여기에는 재무제표는 물론이고 감사보고서, 영업보고서 등이 해당한다.

→ 앞의 회계에 대한 개념이 이해된 독자라면 회계에 대한 이론

---

1) 이 책에서는 회사 대신 기업이라는 용어를 주로 사용하고 있다. 참고로 기업은 경제적인 관점, 회사는 법률적인 관점에서 주로 사용하는 용어에 해당한다.

과 실무를 겸비했다고 해도 과언이 아니다. 따라서 이들한테는 이 책은 어울리지 않을 것이다. 하지만 그렇지 않은 독자라면 이 책이 충분한 도움을 줄 것이다.

02
회계와 재무제표의 탄생

회계의 목적은 재무상태와 경영성과를 정확히 측정하고, 이를 보고하는 것으로 요약할 수 있다. 이 중 경영성과, 즉 이익을 정확히 측정하는 것이 무엇보다도 더 중요하다. 이익이 많아야 기업이 성장할 수 있기 때문이다. 그렇다면 이익은 어떤 과정을 거쳐 발생할까?

이하에서는 회계의 순환과정을 살펴보고, 이익 등에 대한 다양한 쟁점을 순차적으로 정리해보자.

1. 자본의 투입과 사업의 시작

자본금 1억 원을 투자해 사업을 시작한다고 하자. 이 자본금으로 사무실을 얻고 각종 비품의 구입으로 5천만 원을 사용했다고 하자. 사업자는 이러한 회계상의 거래를 어떤 식으로 기록할까?

이때 회계지식이 없는 상태에서는 다음과 같이 일기식으로 나열할 것이다(이를 단식부기라고 한다).

- ××년 ××월 ××일 : 1억 원 투자
- ××년 ××월 ××일 : 비품 등 5천만 원 지출

이런 식으로 기록하는 것도 넓은 의미의 회계에 해당하나 여기에서 파악할 수 있는 정보의 가치는 제한적이다. 그래서 좀 더 고차원의 회계기록이 필요한데 통상 다음과 같은 원리로 기록을 하고 표로 요약하면 정보의 가치가 제고된다(이를 복식부기라고 한다).

- ××년 ××월 ××일 : 1억 원 투자
  (차변) 현금 1억 원   (대변) 자본금 1억 원

- ××년 ××월 ××일 : 1억 원 투자
  (차변) 비품 1억 원   (대변) 현금 1억 원

〈앞의 거래결과 정리〉

자산	부채
현금 5천만 원 비품 5천만 원	자본 자본금 1억 원
계 1억 원	계 1억 원

이렇게 일정한 표로 거래내역이 정리되면 사업자는 오늘 현재 기업의 자산과 자본은 각각 1억 원이고, 당초 투자된 자본은 현금 5천만 원과 비품 5천만 원으로 구성되었다고 한눈에 파악할 수 있게 된다. 회계는 이렇게 재무상태에 대한 정보를 제공하는 기능이 있는 것이다.

2. 연말 결산과 경영성과의 측정

사업자가 자본을 투자해 위험을 감수하면서까지 사업을 하는 이유는 이윤을 창출하기 위해서다. 그렇다면 이윤은 어떻게 측정할까?

이 경우에도 앞에서 본 것처럼 날짜별로 수입과 지출을 계산할 수 있다.

> · ××년 ××월 ××일 : 10만 원 수입
> · ××년 ××월 ××일 : 7만 원 지출

이렇게 기록한 것도 나름대로 의미가 있지만, 정보의 가치를 제고시키기 위해서는 좀 더 다른 회계기록이 필요하다.

> · ××년 ××월 ××일
> (차변) 현금 10만 원   (대변) 매출 10만 원

· ××년 ××월 ××일

(차변) 비용 7만 원　　　(대변) 현금 7만 원

〈앞의 거래결과 정리〉

수입 10만 원
− 비용 7만 원
= 이익 3만 원

이렇게 표로 정리가 되면 사업자는 수입과 비용과 이익을 한 방에 알 수 있게 된다. 회계는 이렇게 손익에 대한 정보를 제공하는 기능이 있는 것이다.

3. 이익에 대한 세금과 배당금 지출

앞과 같은 과정을 거쳐 자산과 부채 그리고 자본이 파악되고, 경영성과가 파악되었다. 그렇다면 여기에서 회계가 끝날까?

아니다. 이익이 발생했다면 국가에 대한 세금이 얼마인지를 계측해야 하고, 잔여 이익에 대해서는 투자자 등에게 배분하는 과정이 남아 있다. 결국 회계를 알고자 하는 이들은 이러한 흐름 속에서 이를 이해하는 것이 좋을 것으로 보인다.

4. 투자 자본의 회수

개인들은 사업을 양도, 법인의 주주들은 주식을 양도함으로써 투자 자본을 회수하게 된다. 이때 시세차익을 얻을 수도 있다.

Tip 회계를 모르면 벌어지는 일

· 회사가 어떻게 돌아가는지를 모른다.
· 회사의 목표와 무관하게 일 처리를 하게 된다.
· 창업 시 남에게 전적으로 의존하게 된다.
· 개인의 투자에서 숫자 감각을 살릴 수가 없다.

03
재무제표의 이용자

앞서 본 회계는 '재산의 증·감 변화를 기록·정리·전달하는 수단'으로 요약된다. 따라서 이렇게 본다면 회계는 숲에 해당하며, 재무제표는 나무로 회계상의 정보를 전달하는 수단에 해당한다. 하지만 모든 회계정보는 재무제표에 모이므로 이에 대한 정보의 가치가 크다는 것을 알 수 있다. 그렇다면 이 재무제표는 누가 어떤 목적으로 이용하는 것일까?

1. 재무제표의 종류

재무제표(財務諸表)는 재무, 즉 기업의 돈과 관련된 여러 가지 표들을 말한다. 이에는 다음과 같은 것들이 있다.

2. 재무제표의 이용자

재무제표 이용자를 크게 외부이용자와 내부이용자로 나누어 보
면 다음과 같이 정리된다.

구분	이용자	이용목적
기업외부	· 주주(투자자) · 금융기관(채권자) · 협력업체 · 과세당국(정부) · 시민단체	투자 수익을 많이 거둘 수 있는가? 원리금 회수를 제대로 할 수 있는가? 납품대금을 제대로 받을 수 있는가? 적정한 세금을 내었는가? 기업의 책임을 다하고 있는가?
기업내부	· 경영자 · 종업원	경영이 제대로 되고 있는가? 업무성과를 올릴 수 있는가?

위의 내용을 보면 재무제표를 이용하는 주체는 내·외부를 막론하
고, 상당히 광범위하게 포진되어 있음을 알 수 있다. 만일 이 책을
읽는 독자가 직장인이라면 우선 기업 내부에서 자신이 몸담고 있
는 회사의 재무제표를 통해 다양한 측면에서 정보를 획득할 수 있

---

2) 중소기업은 자본변동표와 이익잉여금처분계산서 중 하나를 필수 재무제표로 선
택할 수 있다.

을 것이다. 또한 맡은 바 일이 거래처 관리라면 거래처의 재무제표를 입수해 분석할 수도 있을 것이며, 만일 개인적으로 주식 투자를 하는 경우에는 투자 회사의 재무제표를 분석하게 될 것이다. 이처럼 재무제표는 한 목적으로 사용되는 것이 아니라 여러 가지 목적으로도 사용됨을 알아두자.[3] 참고로 다음과 같이 세무조사를 하는 주체인 정부도 모두 회계이용자의 범주에 해당한다.

"코로나19 관련 주로 주목받으며 주가가 급등했던 ○○제약이 과세당국의 세무조사를 받고 있다. 현재 중부지방국세청 조사3국이 탈세 및 비자금 조성혐의 가능성을 염두에 두고 ○○제약 대상 세무조사를 실시하고 있는 것으로 확인되었다."[4]

3. 재무제표의 이용 사례

어떤 회사에서 금융기관에서 대출을 받는다고 하자. 그렇다면 금융기관들은 무작정 대출을 해줄까?

당연히 그렇지 않을 것이다. 그렇다면 대출조건으로 무엇을 요구할까? 당연히 담보를 요구할 것이다. 그중 가장 중요한 것은 두말할 필요 없이 바로 튼실한 재무제표가 아닐까?

---

3) 조금 더 확장하면 이직을 하거나 승진을 할 때에도 재무제표가 필요하다.
4) 비자금은 원가를 높이는 방법 등을 통해 만들어진다. 예를 들어 다음과 같이 가공비를 계상해서 현금을 인출하는 방식이 대표적이다.
   예) (차변) 가공비 10억 원   (대변) 현금 10억 원
   이러한 비자금은 세무조사 시 회계장부와 현금흐름 등을 통해 밝혀진다.

그래서 각 기업들은 은행에 제출하는 재무제표 모양새를 좋게 하기 위해 부단히 노력한다. 다음 내용들을 참고해보자.

1) 재무상태표

재무상태표는 일정 시점의 재무상태를 보여주는 표를 말한다.

구분		당기	전기	증감율
자산				
총자본	부채(타인자본)			
	자본(자기자본)			

· 자본은 절대 마이너스(-)가 안 되어야 한다. 자본이 잠식되면 더이상 채권자를 보호할 수 없다. 이렇게 되면 대출 실행이 불가능할 것이다.
· 전기 또는 전전기의 재무상태표보다 현저하게 나빠지지 않아야 한다.
· 당기의 부채비율은 100% 이하가 되는 것이 좋다. 다만, 이 비율을 맞추기가 현실적으로 어렵다고 하더라도 최대 200% 이하가 되어야 한다. 만일 이를 넘긴 경우에는 대출을 받기가 사실상 힘들어질 수 있다.[5]
· 당기의 차입금의존도[6]는 30% 이하가 좋지만 불가능할 경우 최

---

5) 이에 대한 내용을 이용하기 위해서는 '부채비율'의 의미를 알고 있어야 한다. 부채비율은 무엇을 의미하는가? 뒤에서 순차적으로 보겠지만 우선 이 비율은 총자본에서 부채가 차지는 비율[(부채/총자본)×100%]이라는 것 정도는 알아두자.

대 80% 이하가 되도록 해야 한다. 이를 초과할 경우 대출받기가 불가능할 가능성이 높다.

2) 손익계산서

손익계산서는 일정 기간[7]의 경영성과를 나타내는 표를 말한다.

구분	당기	전기	증감율
매출			
− 매출원가			
= 매출총이익			
− 판매관리비			
= 영업이익			
+ 영업외수익			
− 영업외비용			
− 법인세비용차감전순이익			
= 당기순이익			

· 매출액은 꾸준히 증가하는 것이 좋다.
· 영업이익률도 꾸준히 개선되고 있음을 보여주는 것이 좋다.

---

6) 차입금의존도도 자본구조의 안정성을 평가하는 데 사용된다.

$$\cdot \text{차입금의존도} = \frac{\text{차입금(회사채+장단기차입금)}}{\text{총자본}}$$

→ 차입금의존도가 높은 기업일수록 금융비용이 가중되어 수익성이 저하되고 안정성도 낮아진다. 일반적으로 30% 이하가 안정적이다.

7) 일정 기간은 1회계기간을 말한다. 이는 회사의 정관으로 1년으로 할 것인지, 6개월로 할 것인지 마음대로 정할 수 있다.

· 최근 2년 또는 3년 연속 당기순이익이 적자가 나오지 않아야 한다.
· 이자보상비율이 1 미만이 되지 않도록 한다.

→ 여기서 영업이익률은 영업이익을 매출액으로 나눈 비율, 이자
  보상비율은 영업이익을 이자비용으로 나눈 비율을 말한다.[8]

Tip 분식회계의 위험성

여신을 담당하는 은행 등은 기업들이 제출한 재무제표를 있는 그대로 받아들여
서는 곤란하다. 여신을 받기 위해 재무제표를 인위적으로 좋게 꾸밀 수 있기 때문
이다(분식회계). 따라서 이러한 대출 위험성을 줄이기 위해서는 다양한 분석기법
을 적용시킬 필요가 있다.

→ 아무리 큰 기업이 제공하는 재무제표라고 하더라도 오류가 1도 없을 거라는
  생각은 버리는 것이 좋다. 이런저런 이유로 숫자가 뒤바뀔 가능성은 도처에 널
  려 있기 때문이다.

---

8) 이에 대한 자세한 내용들은 순차적으로 살펴볼 것이다.

04
회계기준이
필요한 이유

회계(會計)는 기업경영 활동과정에서 발생하는 회계상의 거래를 기록하는 일련의 과정을 말한다. 이러한 활동을 통해 재무제표라는 결과물이 창출된다. 그런데 문제는 재무제표를 만드는 사람들이 각 기업의 담당부서원이다 보니 외부의 이해관계자들은 이 표가 어떤 식으로 만들어졌는지를 알 수가 없다. 따라서 일정한 기준을 주고 그에 따라 회계처리를 하고 재무제표를 만들도록 요구할 수밖에 없는데, 이때 '회계기준'이 필요하게 된다. 사례를 들어 이에 대해 알아보자.

〈사례〉
어떤 기업이 10억 원을 지출했다고 하자.

Q¹. 이 지출액은 인건비 비용에 해당한다고 하자. 이 경우 손익계산서와 재무제표에 어떤 식으로 반영되는가?

여기서 인건비는 손익계산서상의 비용에 해당하고, 현금지출은 재무상태표상 자산의 유출과 관련이 있다. 이를 재무제표로 표시하면 다음과 같다.

손익계산서	재무상태표
· 수익 : · 비용 : 인건비 10억 원 · 이익 : △10억 원	· 자산 : 현금 △10억 원 · 부채 : · 자본 : 잉여금 △10억 원

이 경우 인건비로 10억 원이 발생함에 따라 이익이 10억 원이 축소된다. 그리고 인건비 지출로 현금자산이 10억 원이 감소하고, 축소된 이익은 잉여금을 감소시킨다.

Q². 만일 앞의 지출액을 비용이 아닌 대여금으로 처리하면 재무제표는 어떻게 될까?

이 경우 손익계산서에는 아무런 변화도 없고 재무상태표의 합계는 달라진 것은 없으나 계정과목만 바뀐다(현금 → 대여금).

손익계산서	재무상태표
· 수익 : · 비용 : · 이익 :	· 자산 : * · 부채 : · 자본 :

* 현금자산 10억 원이 감소하고 대여금자산이 10억 원이 증가되어 자산의 변화는 없다.

Q³. 회계기준은 왜 존재하는 것일까?

재무제표는 회계처리에 따라 그 모습이 달라지므로 사전에 기준이 마련되어 있지 않다면 기업이 자의적으로 이를 처리할 가능성이 높다. 이렇게 되면 재무제표가 왜곡되어 정보의 가치가 없어진다. 그래서 다음과 같이 기업의 유형에 따라 다양한 회계기준을 마련하고 있다.

구분	적용기업
국제회계기준(K-IFRS)	상장회사 및 금융회사
중소기업회계기준	비상장중소기업
일반기업회계기준	위 외의 기업

상장기업은 한국채택 국제회계기준(K-IFRS)에 따라, 비상장기업 중 중소기업은 법무부에서 고시한 중소기업회계기준에 따라 그리고 위 외 기업들은 일반기업회계기준에 따라 회계처리를 해야 한다. 참고로 한국채택 국제회계기준은 다른 회계기준과 처리방식이 다소 상이하나 회계라는 틀에서 보면 본질적인 차이가 없다.9)

| 추가분석 |

Q⁴. 기업이 특정인에게 근거 없이 성과급 명목으로 50억 원을 지급했다. 어떤 문제가 있을까?

회계에서는 감사인을 통한 의견10) 표명 정도가 있다. 하지만 세

---

9) 이에 대한 자세한 내용은 '한국회계기준원' 홈페이지를 통해 알 수 있다.
10) 감사인의 의견에는 '적정의견', '한정의견', '부적정의견', '의견거절'이 있다.

법에서는 업무무관 비용으로 보아 세금을 부과하거나 불법적인 요소가 있으면 조세범으로 처벌도 가능하다. 한편 상법이나 형법에 저촉되면 횡령이나 배임 등에 해당되어 처벌을 받을 수도 있다.

→ 결국 실무에서는 이러한 내용들까지 알아둬야 유용성이 배가 되지 않을까 싶다.

Tip 회계의 한계

아무리 회계기준이나 회계원칙 등을 준수했더라도 그에 따라 작성된 재무제표는 100% 신뢰할 수 없는 것이 현실이다. 이를 작성하는 과정에서 사람의 무지나 고의 등에 의한 오류가 섞여 있을 수 있고, 이것을 발견할 수 없는 경우도 많기 때문이다. 우리가 신문 등 매스컴을 통해서 들은 바에 의하면 멀쩡하던 기업이 어느 날 횡령, 분식 등의 문제로 시끄러운 것을 보면 이 말이 무슨 뜻인지 알 것이다. 그래서 회계는 곧이곧대로 숫자만 봐서는 결코 안 된다.

05
직장인이 회계통찰력을 키우는 방법

어느 날 갑자기 견실하게 보이던 회사(기업)가 휘청거리는 경우가 있다. 왜 그럴까?

이에는 수만 가지 이유가 있을 것이다.

매출이 부진하거나 거래처의 부도로 납품대금을 떼이거나 막강한 경쟁사가 나타나 시장을 잠식당하거나, 아니면 내부에서 횡령 등이 발생해 현금이 고갈되는 등이 그렇다.

그런데 회사에서 주기적으로 발표한 재무제표에는 이러한 내용들이 없다. 여기에 담겨 있는 내용들은 죄다 과거에 발생한 흔적들인 숫자로만 채워져 있기 때문이다. 따라서 이런 내용을 가지고 재무분석을 하고, 이를 토대로 각종 의사결정을 한다면 그 결과는 뻔하지 않을까?

결국 회계를 제대로 알기 위해서는 이에 대한 통찰력이 필요함을 알 수 있다. 이는 회계를 직접 다루지 않는 직장인들에게 더더욱 필요한 덕목이 아닌가 싶다. 그렇다면 회계를 어떻게 다뤄야 통찰력이 키워질까?

  첫째, 회계원리부터 이해하자.
  급하다고 재무제표부터 살펴보다간 낭패를 당할 수 있다. 재무제표도 사람이 만들어낸 것이라 오류의 가능성이 늘 열려 있기 때문이다. 따라서 회계의 순환과정을 이해하고 재무제표가 어떤 식으로 만들어지는지 그 원리를 이해하는 것은 이러한 오류를 방지할 수 있는 지름길이라는 것을 한시라도 잊어서는 안 되겠다.

사업연도 중		회계연도 말		주주총회
회계처리	➡	결산 및 재무제표 생산	➡	재무제표 보고

  둘째, 재무제표를 제대로 볼 수 있도록 하자.
  재무제표는 회계기준에 따라 만들어진 재무(돈)에 관련된 여러 가지 표를 의미한다. 이에는 재무상태표나 손익계산서, 현금흐름표, 자본변동표, 주석 등이 포함되는데, 이러한 표들은 모두 잘 알아두는 것이 좋다. 하지만 초보자의 관점에서는 모두 알기가 힘들 수 있으므로 급한 대로 재무상태표와 손익계산서 정도는 눈을 감고서라도 이해할 수 있어야 한다.

  셋째, 재무제표를 활용하자.
  회계원리를 이해하고 재무제표를 볼 수 있다고 하더라도 이를 활용하지 못하면 무용지물이 될 수 있다. 따라서 가계는 가계대로, 기업은 기업대로 이를 활용할 수 있는 길을 모색하는 것이 좋다. 특히 직장인 개인들은 자신이 맡은 일도 경영의 한 부분으로 생각하고 회계지식을 넓히는 것이 좋을 것으로 보인다. 이러한 지식들은 향후 자신만의 기업을 일굴 때 상당히 도움을 얻을 수 있다. 기업경영자라면 좀 더 적극적인 자세로 기업의 성장 및 유지를 도와야 한다. 일본의 대표적인 기업이자 아시아 최대 항공사 JAL은 누적 적자로 인해 2010년 1월 파산보호를 신청한 후 되살아난 것도 모두 재무제표를 활용했기 때문이었다. 새로 선임된 이나모리 가즈오(稻盛和夫) 교세라 창업자 겸 명예회장은 항공산업 특성상 고정비의 절감이 필요하다고 보아 전 직원 4만 8천 명 가운데 1만 6천 명을 내보내는 등의 결단을 통해 흑자를 실현하기 시작했다(기업구조조정).

넷째, 회계의 한계에 대해서도 알아두자.

회계는 사람이 다루는 도구라 조작의 가능성이 늘 있기 마련이다. 물론 내부 또는 외부감사가 있기는 하지만 오류나 부정을 다 잡아내는 것은 불가능하다. 따라서 회계처리에 따라 발표되는 각종 보고서를 액면 그대로 받아들여서는 곤란하다.

※ 저자 주

회계의 산물인 재무제표는 온통 숫자로 되어 있다. 따라서 재무제표 작성법을 모르면 숫자의 의미를 알아채기가 힘든 것이 현실이다. 이러한 문제점을 극복하기 위해서는 서두에서도 밝혔듯이 스스로 재무제표를 만들어보는 것이 좋다. 시중에 나와 있는 전산회계 책이 도움을 줄 것이다.

Tip 회계통찰력을 높이는 방법

이 책을 읽는 독자들은 다음과 같은 흐름에서 회계에 대한 감각을 키울 수 있다. 이 책은 이러한 방식으로 전개된다.

절차	내용	비고
회계원리의 이해	· 회계개념 · 이익계산과 분배법	제1~2장
재무제표 구성요소의 이해*	· 재무상태표 : 자산, 부채, 자본 · 손익계산서 : 수익, 비용 · 현금흐름표 : 영업 활동, 투자 활동, 재무 활동	제3장
각 개별재무제표 분석	· 재무상태표 : 유동비율 등 · 손익계산서 : 매출액순이익률 등 · 현금흐름표 : 유형별 현금흐름 분석 등	제4장
개별재무제표 통합 분석	· 재무제표 통합 분석으로 우량기업 찾기 · 재무제표 통합 분석으로 분식기업 찾기 등	제5장
재무제표 활용	· 마케팅이나 구조조정 등 실무 활용	제6~7장, 부록

* 실전에서는 '손익계산서 → 재무상태표 → 현금흐름표'순으로 보는 것이 좋다. 이때 손익계산서는 상하좌우로, 재무상태표는 '자본 → 자산 → 부채'의 순으로 보는 것이 좋다. 실무에서 당기순이익, 매출, 부채는 상당히 중요한 정보에 해당한다.

단숨에 회계를 이해한다는 것은 쉽지 않은 게 현실이다. 회계 자체가 숫자로 얽혀 있고, 직접 손이 아닌 눈으로 읽힌 회계는 한계가 있을 수밖에 없기 때문이다. 다음 내용은 초보자들이 회계를 시작할 때 보면 좋을 것으로 보인다.

Q^1. '재무제표를 읽는다'라는 것은 어떤 의미일까?

재무제표에서 의사결정 목적에 맞는 의미 있는 정보를 추출하는 것을 말한다.

Q^2. 각각의 재무제표에서 가장 중점적으로 봐야 할 포인트 무엇일까?

- **재무상태표** : 자산과 부채, 자본(잉여금 포함)의 크기 등을 비교한다.
- **손익계산서** : 매출, 비용, 이익의 크기 및 추세를 확인한다.
- **현금흐름표** : 영업 활동으로 인한 현금흐름을 확인한다.
- **자본변동표** : 자본(잉여금 포함)의 크기 및 주된 변동 내용을 확인한다.
- **주석** : 주가 등에 영향을 미치는 내용이 있는지 확인한다.

Q^3. 기업을 제대로 분석하고 싶을 때, 짧은 시간 안에 핵심을 파악할 수 있는 재무제표 100% 활용법이 있다면?

매출 크기, 영업이익 크기, 부채비율을 점검한다. 이 세 가지의 지표가 핵심적인 실적 내용에 해당한다.

Q^4. 숫자에 기초한 경영의 신 이나모리 가즈오는 2010년에 파산한 항공사를 어떻게 회생시켰을까?

재무제표를 통해 적자의 원인을 분석하고, 목표설정 후 구조조정에 돌입했다. 구체적으로 비용절감을 위해 불필요한 노선을 정리하고 관련 비용, 즉 인건비 등을 절감했다. 그리고 핵심역량을 키워 1인당 생산성을 제고시키는 등의 방법을 동원했다.

Q⁵. 워런 버핏(Warren Buffett)은 "어떤 사람들은 <플레이보이>를 보지만 나는 '재무제표'를 읽는다"라고 말했다. 그는 경쟁력 있는 기업이 되는 조건을 어떻게 말하고 있는가?

매출총이익률 40% 이상, 판매관리비율 30% 이하, 영업이익 대비 이자비율은 15% 이하여야 한다고 한다. 이러한 재무비율 분석은 재무제표를 활용하는 데 있어 매우 중요한 역할을 한다.[11]

Q⁶. 잘나가는 CEO들이 회계를 직접 챙기는 가장 큰 이유는 무엇일까?

경영성과는 모든 숫자로 나타나기 때문이다. 이러한 숫자들은 내·외부 이해관계자를 위해 사용됨은 두말할 필요가 없다. 성과급, 세금, 배당, 주가, 본인의 보수 등이 모두 이와 관련이 있다.

Q⁷. 재무건전성이 좋은 기업이 좋다고 하는데, 이것은 무엇을 의미하나?

총자본 중에서 자기자본이 차지하는 비율이 높은 것을 말한다. 통상이 비율이 50% 이상이면 양호하다고 판단한다. 한편 이 비율이 최소한 20% 이상은 되어야 최소한 기업을 유지할 수 있다.

· 자기자본비율 < 20% ⟹ 위험
· 20% ≤ 자기자본비율 50% ⟹ 보통
· 50% ≤ 자기자본비율 ⟹ 건전

참고로 이 비율을 높일 수 있는 가장 좋은 방법은 이익을 많이 내는 것이다. 이익이 늘어나면 잉여금(자본)이 늘어나 자기자본비율이 개선되기 때문이다.

---

11) 매출총이익률이 20% 미만이 되면 기업이 살아남기 힘들다고 볼 수 있다. 참고로 이 책의 독자들은 회계원리의 수준을 벗어나 재무비율 분석까지 섭렵하기 바란다. 재무비율 분석은 부록에서 별도로 정리하고 있다.

Q8. 기업이 노력은 열심히 하는데 부채가 늘어난 이유는 뭘까?

매출감소가 지속적으로 발생하거나 매출은 증가하나 현금회수노력 등이 부족한 경우, 그리고 대규모 시설 투자가 있는 경우에도 이러한 현상이 발생한다.

Q9. 기업이 망할지, 안 망할지 등에 대해서는 무엇을 보면 알 수 있을까?

재무제표를 보면 매출급감, 판매관리비 증가에 따른 영업손실의 발생, 재고 및 채권 급증, 부채 급증, 영업현금흐름 불량 등으로 그 징후를 알 수 있다. 또한 감사보고서상의 감사인의 의견 등으로도 알 수 있다.

Q10. 직장인이 감사보고서나 영업보고서를 꼭 봐야 하나?

보면 좋다. 매년 성장하고 있는지, 우리 기업이 무엇을 잘못하고 있는지, 소송이 걸렸는지 등 다양한 정보를 얻을 수 있기 때문이다. 특히 영업부 등 다른 기업과 관련된 업무를 하는 경우나 개인적으로 주식 투자 등을 하는 경우에는 더더욱 그렇다.

Q11. 직장인들이 재무제표에 꾸준히 관심을 가져야 하는 이유는?

기업의 성과를 공유하고 개인의 다양한 의사결정(이직, 승진 등)에 대한 기초자료를 얻을 수 있고, 향후 사업가로서의 역량을 도모할 수 있는 기회를 얻을 수 있기 때문이다. 작게는 가정경제를 원활히 수행할 수 있는 기회도 얻을 수 있다(저축·소비 활동, 부동산이나 주식 투자 활동 등 지원).

Q12. 회계시스템이 있음에도 불구하고 회계개념을 익히는 것이 직장인들에게 도움이 될까?

어차피 직장 생활 자체가 회계의 일환이다. 기업 전체의 목표가 제시되고, 이를 달성하기 위한 과정이 모두 회계상 수치로 표현되기 때문이다. 따라서 직장 생활과 회계는 떼려야 뗄 수 없는 관계라고 해도 과언이 아니다. 이러한 관점에서 보면 비회계부서에 종사한 직장인들도 회계를 멀리해서는 곤란할 것으로 보인다.

Q13. 일상에서 회계를 즐기는 법, 어떤 방법이 있을까?

커피점에 갔을 때 몇 잔을 팔면 이익이 발생할까? 가성비가 뛰어난 식당은 얼마를 팔아야 이익이 발생할까? 이러한 상상도 모두 회계의 범주에 해당한다. 물론 개인이 부동산을 살 때 자금을 어떤 식으로 조달하고 대출을 어떤 식으로 갚을 것인지 등에 계획을 수립하는 것 등도 모두 회계의 일환에 해당한다.

Q14. 직장 생활에 도움이 되는 회계공부법이 따로 있을까?

기업이 움직이는 시스템을 생각해보고, 자신이 재직하고 있는 기업의 재무제표 등을 가지고 동료들과 스터디를 해보는 것도 도움이 될 것이다. 이후 흥미가 생기면 재무제표에 대해 본격적으로 공부를 해보는 것도 나쁘지 않을 것으로 보인다.

Q15. 주식 투자 시 가장 기본적으로 이해해야 하는 재무제표 공식은?

주식 투자 시 본인에 맞는 지표들을 위주로 분석하겠지만, 다음과 같은 것들은 기본적으로 알아두면 좋을 것으로 보인다.

· **부채비율** : 부채를 자기자본으로 나눈 비율로 타인자본(부채)과 자기자본 간의 관계를 나타내는 대표적인 안전성 지표. 이 비율이 낮을수록 재무구조가 건전하다고 판단할 수 있다.

· **3년간 평균순이익률** : 순이익을 세후 순매출액으로 나눈 비율을 말한다. 순이익률은 매출액 중 주주를 위해 최소한 어느 정도의 금액을 제공할 수 있는가 하는 경영 능력의 측정에 사용된다.

· **PER(Price Earning Ratio)** : 주가수익비율이라고 불린다. PER은 주가를

주당순이익(EPS)[12]으로 나눈 수치를 말하며, 주가가 1주당 수익의 몇 배가 되는가를 나타낸다. 예를 들어 A기업의 주가가 6만 원이고, EPS가 1만 원이라면 A사의 PER은 6이 된다. PER이 높다는 것은 주당순이익에 비해 주식 가격이 높다는 것을 의미하고, PER이 낮다는 것은 주당순이익에 비해 주식 가격이 낮다는 것을 의미한다. 이러한 관점에서 보면 PER이 낮은 주식은 앞으로 주식 가격이 상승할 가능성이 크며, 그 반대는 하락할 가능성이 크다는 것을 알 수 있다.[13]

· PSR(Price Sales Ratio) : 주가매출액비율은 매출액을 발행 주식 수로 나눈 주당 매출액을 주가로 나눈 수치를 말한다. 주당매출액 대비 주가가 고평가되었는지, 저평가되었는지를 알려준다. PSR이 낮을수록 저평가되었다고 본다.

Q[16]. 전자공시스템에서 재무제표를 확인하는 방법은?

전자공시시스템(DART)은 기업이 인터넷을 통해 경영상의 주요사항과 경영 관련 공시자료 등을 제공하는 시스템을 말한다. DART 홈페이지에 접속하면 원하는 기업의 재무제표를 무료로 조회할 수 있다.

---

12) 당기순이익을 주식 수로 나눈 값을 말한다. 이 수치가 높으면 수익성이 좋은 기업에 해당한다.
13) PER이 높으면 주당이익에 비해 주식 가격이 높으므로 주식이 고평가되었다. 따라서 앞으로 주식 가격이 떨어질 가능성이 크기 때문에 주식을 파는 것(매도)이 유리하다.

Tip 전자공시시스템과 신용평가기업의 재무정보 활용법

기업에 투자하거나 기타 신용과 관련된 정보를 얻으려면 기관들이 발표하는 공시
자료를 우선 참조하는 것이 좋다.

그중 상장기업이나 외감법을 적용받는 기업들의 재무제표를 포함한 공시자료는 '
금융감독원 전자공시시스템(http://dart.fss.or.kr)'에서 아주 상세히 공시하고 있으
므로 이 사이트를 활용해 원하는 정보를 얻을 수 있다. 한편 민간자본에 의해 운
영되는 신용평가기업을 통해서도 재무제표 및 신용등급 등을 확인할 수 있다. 다
만, 모든 기업의 정보가 공개되는 것이 아니라 기업어음(CP)이나 회사채 등을 조
달한 기업들의 경우로 한정된다. 이들 기업은 신용등급에 관한 정보가 매우 중요
하기 때문이다.

· 한국기업평가(www.rating.co.kr)
· 한국신용평가(www.kisrating.com)
· NICE신용평가(www.nicerating.com)

제 **2** 장

◇◇◇◇◇◇◇◇◇◇◇◇◇◇◇◇◇◇◇◇◇◇◇◇◇◇◇◇◇◇◇◇◇◇◇

회사이익의
계산과 분배방법

◇◇◇◇◇◇◇◇◇◇◇◇◇◇◇◇◇◇◇◇◇◇◇◇◇◇◇◇◇◇◇◇◇◇◇

01
자본의 투입과 회수 그리고 회계의 등장

회계는 자본의 조달과 함께 시작된다. 자본조달은 곧 사업을 시작하는 것을 의미하기 때문이다. 따라서 회계의 전 과정을 이해하려면 자본의 조달부터 회수까지의 전 과정을 이해하는 것이 좋다. 이하에서 회계의 시작과 끝인 자본과 관련된 내용부터 정리해보자.

1. 자본의 종류

원래 자본(資本, capital)은 경영활동을 위해 주주가 기업에 출자한 돈을 말한다. 그러나 자본이 부족한 경우에는 타인자본을 사용할 수밖에 없으므로 이러한 타인자본도 자본에 속한다고 할 수 있다.

1) 광의의 자본

기업이 자금을 모으는 루트는 두 가지가 있다. 하나는 주주가 출자한 자본이고, 다른 하나는 금융기관 등으로부터 조달한 대출금, 회사채 등이 있다. 따라서 광의의 자본은 이 둘을 포함한 것이라고 할 수 있다.

2) 협의의 자본

협의의 자본은 주주들이 낸 자본을 말한다. 부채를 타인자본이라고 부르는 것에 대비해 자기자본이라고도 한다.

2. 자본투입에 대한 대가

1) 자기자본

주주들이 기업에 투자한 돈에 대한 대가로 주식[14]을 보유하게

---

14) 주식의 종류는 통상 보통주, 우선주, 신형우선주, 후배주로 구분된다. 보통주는 일반적인 우리가 매매하는 보통의 주식을 말한다. 이러한 보통주는 주주로서의 투표권과 이익배당청구권, 잔여재산청구권 등의 권리가 주어진다. 이에 반해 우선주는 투표권이나 의결권이 없지만, 보통주보다 배당을 우선적으로 받을 수 있는 권리가 있는 주식을 말한다.

된다. 이러한 주식을 보유하고 있으면 경영성과에 따라 배당금을 받을 수도 있고, 또 주식을 양도하거나 증여하는 등 재산권을 행사할 수 있다. 또한 경영에 참여할 수 있는 권한이 주어지는 한편, 주주총회 등을 통해 임직원이 될 수 있는 길이 열리기도 한다. 결국 자기자본에 대한 대가는 의사결정권, 배당금, 시세차익 등 다양한 형태로 주어진다.

2) 타인자본

금융기관 등에서 조달한 차입금에 대해서는 이자가 주어진다. 그리고 차입금 중 일부는 주식으로 전환할 수 있는 권리가 부여되기도 한다(신주우선권부사채 등).

Q[1]. 기업에 투자한 자가 주주상태에서 배당을 받으면 세법상 무슨 소득인가?

이는 배당소득으로 분류된다.

Q[2]. 기업에 투자한 자가 주주가 아닌 상태에서 배당을 받으면 세법상 무슨 소득인가?

이는 이자소득으로 분류된다.

3. 회계등식의 이해

사업 초기에 자기자본과 타인자본을 투입하면 재무상태표에 다음과 같이 표시된다.

자산 200	부채 100
	자본 100

그리고 영업을 통해 순이익 10이 발생했다면 자산과 자본이 동
시에 10이 늘어난다.

자산 210	부채 100
	자본 110

여기서 10은 당초 투자한 자기자본 외에 잉여금으로 발생했음을
알 수 있다. 이 잉여금은 주주 등에게 배당금으로 사용될 수 있다.
이러한 관계를 통해서 회계등식을 도출할 수 있다. 가볍게 음미해
보기 바란다.

· 자산＝부채＋자본 또는 자본＝자산－부채
· 기말자본＝기초자본＋당기순이익(＝수익－비용)
· 당기순이익＝기말자본－기초자본

4. 잉여금의 처분

개인이나 법인들이 기업에 투자하는 이유는 창출된 이윤을 자기의 투자 지분에 맞게 회수하기 위한 것이다. 이것이 자본주의 경제에 해당한다. 그렇다면 기업이 벌어들인 잉여금은 주주 마음대로 가져갈 수 있을까?

아니다. 이렇게 하면 기업의 생존에 위협이 될 수 있으므로 상법 등에서 배당절차 등을 정하고 이를 위배하면 주주나 임원 등에게 책임을 묻게 된다. 일반적인 배당절차는 다음과 같다.

· 주주총회 결의
· 주주총회 결의일에 미지급배당금 설정하고 지급시점에 원천 징수한 후 잔액 지급(배당금에 대해서는 종합소득세 신고)

02
먼저 터득해야 할 회사이익 계산법

회계에서 이익(이윤, margin)은 수익에서 비용을 차감해 계산한다. 여기서 수익이란 고상하게 말하면 기업 실체의 경영활동과 관련한 재화의 판매 또는 용역의 제공 등에 대한 대가로 발생하는 자산의 유입 또는 부채의 감소를 말하며, 비용이란 수익을 획득하기 위해 지급한 자산의 감소 또는 부채의 증가를 말한다.

1. 사례 1

K기업의 20×2년 수익과 비용에 관련된 자료가 다음과 같다.

〈자료〉
· 외상으로 10억 원을 팔았다. 대금은 20×3년 초에 입금될 예정이다.
· 판매관리비로 현금 8억 원을 지출했다.
· 시설장치로 1억 원을 지출했다.

Q¹. 20X2년을 기준으로 할 때 현금의 수입과 지출은 어떻게 되는가?

· 현금의 수입 : 0원

· 현금의 지출 : 9억 원

· 현금이익 : △9억 원

Q². 현금기준으로 회계상의 이익을 계산할 수 있을까?

앞의 내용을 보면 현금기준으로는 회계상의 이익을 계산하기가 곤란함을 알 수 있을 것이다.

Q³. 현금기준으로 회계상의 이익을 계산할 수 없다면 어떤 기준으로 이익을 계산할 수 있을까?

회계에 관한 정보를 이용하는 자들의 관점에서 보면 현금기준으로 회계이익을 계산하는 것이 가장 좋다. 회계이익과 증가된 현금이 같기 때문이다. 하지만 자산에 대한 투자나 부채의 상환 등에 따른 현금유출 등이 있을 수 있으므로 이러한 현금기준방식은 회계이익을 계산하는 데 부적절하다. 그래서 회계기준은 이익의 구성요소인 수익은 매출이 확정되었을 때, 비용은 발생했을 때 장부에 계상해 이익을 계산하도록 하고 있다.

Q⁴. 회계이익을 수익과 비용이 확정되었을 때로 계산하면 얼마인가?

· 실현된 수익 : 10억 원

· 발생한 비용 : 8억 원

· 회계상의 이익 : 2억 원

그런데 여기서 문제점이 하나 발생한다. 앞의 자료에서 시설장치로 1억 원이 지출되었는데 이를 어떤 식으로 처리하느냐 하는 것이다. 시설장치는 사업과 관련된 지출이고 이는 기업이 존속하는 동안까지 사용되는데, 이러한 사용분도 비용처리를 하는 것이 타당하기 때문이다. 이렇게 경영에 사용되는 자산을 일정한 방법에 따라 인위적으로 비용처리하는 것을 '감가상각'이라고 한다.[15]

Q[5]. 앞의 시설장치에 대한 20X2년의 감가상각비가 2천만 원이라면 회계상의 이익은 얼마인가?

· 당초 회계상의 이익 : 2억 원

- 감가상각비 : 2천만 원

= 수정 회계상의 이익 : 1억 8천만 원

→ 이러한 회계상의 이익은 손익계산서로 보고되고, 이를 기준으로 배당이 실시되며 법인세 등이 과세된다.

2. 회사이익의 계산방법

회사이익을 어떤 식으로 계산할지의 여부는 매우 중요한 이슈가 된다. 중요 사항을 정리해보자.

---

15) 감가상각을 하기 위해서는 감가상각연수와 감가상각방법 등이 결정되어야 한다. 실무적인 내용에 해당하므로 여기에서는 자세한 설명을 생략한다.

1) 회계기간

회계에 의해 탄생하는 재무제표는 기업에서 정한 회계기간에 따라 관련 정보들이 제공된다. 여기서 회계기간은 통상 1년을 기준으로 한다.

2) 수익과 비용의 계상 기준

· 수익

당기에 실현된 것만 수익으로 계상한다. 여기서 실현되었다는 것은 판매로 현금을 받았거나 적어도 대금청구권이 확보된 상태를 말한다(실현주의). 따라서 가계약으로 매출이 된 것을 수익으로 잡아서는 곤란하다.

· 비용

지출되는 것과는 무관하게 당기에 발생한 것은 비용으로 처리하게 된다(발생주의). 비용은 다음 기준에 따라 회계처리한다.

- 당기의 비용으로 처리 : 인건비, 복리후생비, 이자 등
- 여러 기간에 걸쳐 처리 : 감가상각비

3. 사례 2

P법인에서 다음과 같은 회계상의 거래가 있었다.

<자료>
- 당기의 매출 : 10억 원
- 매출원가 : 5억 원
- 인건비 미지급 : 1억 원
- 선급보험료 : 1,000만 원 시급(당기발생분 500만 원)
- 감가상각비 : 당초 취득가액 1억 원으로 5년, 정액법 상각

Q¹. 선급보험료에 대한 회계처리는?

선급보험료는 앞으로 발생될 비용을 미리 지급한 것에 해당한다. 따라서 기간이 도래되지 않는 부분은 자산에 해당하며, 기간이 도래된 것은 비용에 해당한다.[16]

· 선급보험료 지출 시

(차변) 선급보험료(자산) 1,000만 원 (대변) 현금 1,000만 원

· 기간 도래분

(차변) 보험료(비용) 500만 원 (대변) 선급보험료 500만 원

→ 재무제표의 변화

연도 중	기말
· 자산 100만 원 · 비용 없음.	· 자산 70만 원 · 비용 30만 원

---

16) 비회계부서에서 보면 이러한 계정과목, 회계처리 방식이 이해가 되지 않을 것이다. 하지만 재무제표는 이러한 회계처리 하나하나가 쌓여 작성된다는 것을 이해한다면 현행의 제도하에는 어쩔 수 없다는 생각을 하게 되지 않을까 싶다.

Q². 감가상각비는 얼마인가?

당초 취득가액을 5년 정액법[17]으로 상각하면 당기의 감가상각
비는 2천만 원이다.

· 1억 원/5년 = 2천만 원

Q³. 이 기업의 영업이익은?

구분	금액	비고
매출액	10억 원	
− 매출원가	5억 원	
= 매출총이익	5억 원	
− 판매관리비	1억 2,500만 원	· 인건비 1억 원 · 보험료 500만 원 · 감가상각비 2천만 원
= 영업이익	3억 7,500만 원	

Q⁴. 이 기업의 법인세비용은?

앞의 영업이익 3억 7,500만 원에 대해 19%의 세율을 적용하고
누진공제 2천만 원을 반영하면 법인세는 5,125만 원이 된다. 이에
지방소득세 10%를 추가하면 총세금은 5,638만 원이 된다. 참고로
실무적으로 법인세는 법인세법 등에 따라 다소 복잡하게 계산된다.

---

17) 정액법은 감가상각연수에 맞춰 매년 균등상각하는 방법을 말한다. 취득 초기에
감가상각을 많이 하는 방법을 정률법이라고 한다.

Q⁵. 이 기업의 당기순이익은?

영업이익에서 앞의 법인세 등을 차감하면 3억 1,862만 원이 나온다.

Tip 회계이익이 주는 정보의 한계

앞에서 살펴본 회계이익은 현금흐름과는 무관하게 측정된 이익에 해당한다. 현금의 수입과 지출이 없더라도 수익과 비용으로 계상되어 이익이 도출되기 때문이다. 이러한 관점에서 본다면 회계상의 이익이 많다고 해서 반드시 그 기업이 좋은 기업이라고 단정할 수 없다는 것을 알 수 있다. 따라서 독자들은 이러한 한계를 인식하고 다른 재무제표인 재무상태표나 현금흐름표 등을 추가로 분석할 수 있어야 한다.

03 회사이익의 분배방법

앞의 과정을 통해 계산된 이익은 해당 회사의 이해관계자들에게는 큰 관심사가 된다. 내부에서는 성과급, 외부에서는 배당금이나 세수 등을 기대하기 때문이다. 그렇다면 이익은 어떤 원리로 배분이 될까? 그리고 남은 이익은 어떤 식으로 정리가 될까? 이러한 과정을 이해하는 것도 초보자의 관점에서 중요하다.

1. 사례 1

K기업의 손익계산서를 보고 다음 물음에 답해보자. 참고로 이 기업의 1회계기간의 매출은 100억 원이며 영업이익은 10억 원이다. 이러한 영업이익이 발생하면 국가에 세금을 내야 하고, 잔여이익에 대해서는 주주에게 배당을 할 수 있게 된다. 손익계산서는 이렇게 중요한 정보를 제공한다.

구분	금액	비고
매출액	100억 원	
– 매출원가	50억 원	
= 매출총이익	50억 원	
– 판매관리비	40억 원	· 인건비 20억 원 · 지급수수료 10억 원 · 기타 10억 원
= 영업이익	10억 원	

Q¹. 인건비에는 성과급 2억 원이 포함되었다. 세무회계상 문제는 없는가?

임직원들이 받은 성과급은 목표달성 등에 따라 주어진 급여 등을 말한다. 따라서 이 금액이 사전에 정해진 절차에 따라 지급되었다면 세무회계상의 관점에서는 문제가 없다.

Q². 만일 차입금에 대한 이자비용이 2억 원이라면 법인세 차감 전 이익은 얼마인가?

이자비용은 영업외비용에 해당한다. 따라서 영업이익에서 이 금액을 차감하면 법인세를 차감하기 전의 이익은 8억 원이 된다.

Q³. 이 경우 국가에 내야 할 세금은 얼마나 되는가?

법인세 차감 전의 이익 8억 원에 대해 19%의 세율을 곱한 후 누진공제 2천만 원을 차감하면 1억 3,200만 원이 나온다. 한편 지방소득세 10%를 반영하면 법인세 등은 총 1억 4,520만 원이 된다.

Q⁴. 당기순이익은 얼마나 되는가?

8억 원에서 1억 4,520만 원을 차감하면 6억 5,480만 원이 당기순이익이라고 볼 수 있다.

2. 이익의 분배방법

기업이 수익을 창출하면 이해관계자들에게 다양한 형태로 수익이 배분된다.

1) 1차 배분

수익을 달성하기 위해 필요한 인원, 토지 및 건물, 타인자본에 대해서는 다음과 같이 수익을 배분한다.

· 임직원 : 급여, 상여, 퇴직금 등 지급
· 토지 및 건물임대 : 임대료 지급
· 차입금 : 이자 지급

2) 2차 배분

수익에서 비용을 차감한 이익이 발생하면 다음과 같이 2차로 이익을 배분한다.

· 정부 : 법인세 등 배분

3) 3차 배분

이익에서 세금을 제외한 잔여이익에 대해서는 다음과 같이 배분한다.

· 주주 : 배당금 지급

※ 매출 1단위의 분해

매출 1단위는 보통 다음과 같이 분해된다.

	원가
	인건비
	지대(임차료)
매출	기타 일반관리비
	금융비용
	세금
	이윤

→ 매출 1단위는 원가부터 이윤까지 각 항목으로 구성이 된다. 따라서 궁극적으로 주주들에게 귀속되는 이윤이 커지려면 이윤을 제외한 항목들이 효율적으로 사용되어야 한다.

3. 사례 2

앞의 법인은 주주에게 다음과 같이 배당금을 지급하기로 의결했다.

Q¹. 배당절차는 어떻게 되는가?

배당은 주주총회의 결의사항에 따라 지급이 된다. 이익의 배당에 대해 다음의 내용을 지켜야 한다.

> ※ **상법 제462조(이익의 배당)**
> ① 회사는 대차대조표의 순자산액으로부터 다음의 금액을 공제한 액을 한도로 하여 이익배당을 할 수 있다.
>   1. 자본금의 액
>   2. 그 결산기까지 적립된 자본준비금과 이익준비금의 합계액
>   3. 그 결산기에 적립하여야 할 이익준비금의 액
>   4. 대통령령으로 정하는 미실현이익
> ② 이익배당은 주주총회의 결의로 정한다. 다만, 제449조의 2 제1항에 따라 재무제표를 이사회가 승인하는 경우에는 이사회의 결의로 정한다.
> ③ 제1항을 위반하여 이익을 배당한 경우에 회사채권자는 배당한 이익을 회사에 반환할 것을 청구할 수 있다.

Q². 이익준비금은 얼마나 적립해야 하는가?

자본금의 1/2이 달할 때까지 현금배당액의 1/10 이상을 적립해야 한다.

Q³. 1주당 얼마나 배당이 되는 걸까?

이익준비금이 없다고 가정하면 1주당 1만 원이 배당된다. 만일 1천 주를 가지고 있다면 1천만 원을 배당받게 된다.[18]

Q⁴. 이익배당은 주식 수별로 해야 하는가?

원칙적으로 그렇다. 다만, 상법 제344조에 따른 종류 주식은 그렇지 않다.

---

18) 단, 회사가 배당금을 지급할 때 15.4%를 원천징수하므로 이를 차감한 잔액을 지급받게 된다. 배당금 수령자는 다음 해 5월 중에 배당소득을 포함한 종합소득에 대해 종합소득세로 정산을 해야 한다.

Q5. 남은 잉여금은 어떤 식으로 정리가 될까?

당기순이익 중 배당금을 제외한 나머지 잔액은 재무상태표의 자본에 축적이 된다.

자산	부채

	자본 　자본금 　잉여금 5억 4,600만 원

Tip 세금의 중요성

기업이 벌어들인 이익에 대해서는 법인세 또는 종합소득세가 부과된다. 그런데 법인세의 경우 회계상의 이익에 대해 바로 과세하는 것이 아니라 법인세법에서 정하고 있는 각종 규정에 따라 소득을 별도 계산해 이에 대해 과세하고 있다. 따라서 회계상의 이익이 1억 원이라고 하더라도 세법상의 이익은 2억 원이 될 수 있다. 기업회계는 회계기준에 따라 재무제표를 생산해 정보이용자에게 제공하는 것이 목적이고, 세법은 공평한 과세를 목적으로 하는 차이가 있기에 이러한 현상이 발생하는 것이다. 이 책은 주로 기업회계에 초점을 맞추고 있다. 세법에 대해 좀 더 이해하고 싶다면 저자의 다른 책들을 참고하기 바란다.

04
회사이익을
분석하는 방법

기업에 재직하고 있는 임직원들은 이익의 극대화를 위해 노력을
많이 한다. 이익이 나야 기업이 성장할 수 있고 이로 인해 안정적인
직장 생활은 물론이고 추가적인 수입을 기대할 수 있기 때문이다.
한편 외부의 회계이용자들은 자신들의 의사결정을 위해 여러 가지
관점에서 이익을 분석하곤 한다. 이하에서는 이익과 관련된 분석을
어떤 식으로 하는지 알아보자.

1. 사례 1

K기업의 재무자료가 다음과 같다. 자료를 통해 다양한 방법으로
수익성 평가를 해보고자 한다. 다음 물음에 답해보자.

〈자료〉
· 매출액 : 10억 원
· 영업이익 : 2억 원
· 당기순이익 : 1억 원
· 자산 : 10억 원
· 부채 : 5억 원
· 발행 주식 수 : 1만 주

Q¹. 영업이익률은 얼마인가?

영업이익률은 영업이익을 매출액으로 나눈 비율을 말한다. 사례의 경우 2억 원을 10억 원으로 나누면 20%가 나온다. 이는 매출액 중 20%는 영업이익이 됨을 의미한다. 이러한 영업이익으로 이자를 지급하고 세금을 지급하게 된다.

Q². 매출액순이익률은 얼마인가?

이는 당기순이익을 매출액으로 나눈 비율을 말한다. 사례의 경우 당기순이익은 1억 원이고 매출액은 10억 원이므로 10%의 순이익률이 나온다. 매출액의 10%는 순이익으로 이는 주주의 배당금으로 사용될 수 있는 돈을 말한다.

Q³. 순자산이익률은 얼마인가?

순자산은 자산에서 부채를 차감한, 즉 자기자본을 말한다. 사례의 자산은 10억 원이고 부채는 5억 원이므로 순자산(자본)은 5억 원이다. 그리고 당기순이익은 1억 원이므로 순자산이익률은 20%(1억 원/5억 원)가 나온다. 이는 곧 자기자본 투자에 대한 이익률을 말한다. 사례의 경우 5억 원을 투자해 1억 원의 이익을 올렸다고 할 수 있다.

Q⁴. 주당순이익은 얼마인가?

이는 당기순이익을 주식 수로 나눈 금액을 말한다. 당기순이익 1억 원을 1만 주로 나누면 주당순이익은 1만 원이 된다. 즉 주식 1주가 1만 원을 벌어주었다고 평가할 수 있다.

→ 주당순이익(EPS, Earning per Share)은 기업 전체의 이익을 보통주의 발행 주식 수로 나눈 값, 즉 1주당 만들어낸 수익을 의미한다. 이는 기업의 수익성을 나타내는 대표적인 지표로 사용되며, 일반적으로 기업의 EPS가 높을수록 수익성이 높은 기업이며 가치 있는 기업으로 인정받는다.

2. 이익분석방법

앞의 사례를 통해 보았듯이 이익분석은 다양한 각도에서 진행이 될 수 있다.

1) 매출액 기준

이익을 매출액으로 나눠 이익률을 산정할 수 있다. 이때 이익은 매출총이익, 영업이익, 당기순이익 등으로 나눌 수 있다.

- 매출액총이익률
- 매출액영업이익률
- 매출액순이익률

2) 자산기준

순이익을 순자산으로 나눠 이익률(순자산이익률)을 산정할 수 있다.

3) 주식 수 기준

순이익을 주식 수로 나눠 수익성 평가할 수 있다. 이외 다양한 평가방법도 있다. 다음의 사례를 참조하자.

3. 사례 2

다음 사례를 통해 주식 투자 시 재무제표가 어떤 식으로 활용되는지 알아보자.

| 사례 |

P법인의 재무현황은 다음과 같다.

〈자료〉
- 당기순이익 : 1,000억 원
- 발행 보통주 : 100만 주
- 주가 : 20만 원
- 순자산 : 4천억 원

Q^1. 이 기업의 EPS는 얼마인가?

EPS(Earning Per Share)는 주당순이익을 말한다. 주식 수가 100만 주이고 당기순이익이 1천억 원이므로 EPS는 10만 원이 된다.

Q^2. 이 기업의 PER는 얼마인가?

PER(Price Earning Ratio)은 주가수익비율로 주가를 주당순이익(EPS)으로 나눈 수치를 말한다. 이는 주가가 1주당 수익의 몇 배가 되는가를 나타낸다. 이 기업의 주가는 20만 원이므로 이를 EPS 10만 원으로 나누면 2가 나온다. PER이 낮다는 것은 주당순이익에 비해 주식 가격이 낮다는 것을 의미한다. 따라서 향후 이 기업의 주가는 상승할 가능성이 크다고 할 수 있다.

Q^3. 이 기업의 PBR은 얼마인가?

PBR(Price on Book-value Ratio)은 주가순자산비율로 시가총액을 순자산(자산-부채)으로 나눈 비율을 말한다. 따라서 시가총액이 순자산보다 낮으면, 즉 이 PBR이 1보다 낮으면 주가가 저평가되었다고 할 수 있다. 따라서 향후 주식 가격은 오를 가능성이 있다고 할 수 있다. 사례의 경우 시가총액은 2천억 원이고 순자산가액은 4천억 원이므로 PBR은 0.5에 해당한다.

Q^4. 이 기업은 100억 원을 배당하려고 한다. 1주당 배당금은 얼마인가?

주식 수가 100만 주이고 100억 원을 배당하므로 1주당 배당금은 1만 원이 된다.

Q⁵. 배당수익률(Divedend yield ratio)은 얼마인가?

배당수익률은 '주당 배당금/현재 주가'로 계산한다. 주당 배당금은 1만 원이고, 현재 주가는 20만 원이므로 배당수익률은 5%다. 이지표는 배당금이 현재 주가의 몇 %인가를 나타내는 비율이다. 다시 말해 현재 주가로 이 기업의 주식을 매수했을 때 배당수익을 얼마만큼 보장받을 수 있는지에 대한 지표에 해당한다. 따라서 이 수익률이 높으면 투자자의 관점에서는 배당을 받을 가능성이 높기 때문에 배당기준일이 가까워질수록 주식을 매수하게 되고 그에 따라 주가가 상승하게 된다. 이러한 배당주를 보유한 투자자들은 배당수익과 주가 상승분을 동시에 획득할 기회를 얻게 된다.

Q⁶. 이 기업의 배당성향(Pay-out ratio)은 얼마인가?

배당성향은 당기순이익 중 현금배당의 총액이 얼마나 되는지를 나타내는 비율이다. 이 기업은 당기순이익은 1천억 원이고, 이 중 100억 원이 배당으로 나가므로 배당성향은 10%가 된다. 배당성향이 높으면 재무구조가 악화되는 측면이 있고, 낮으면 사내유보율이 높다는 것을 알 수 있다.

※ 저자 주

앞의 지표들은 주식 투자 시에 알아두면 좋은 내용들이다. 하지만 이러한 분석을 통해 주식 투자를 한다고 해서 높은 수익을 보장해주는 것은 아니다. 주가는 다양한 요인에 의해 형성되기 때문이다.

Tip 배당정책

다음은 국내 S전자의 배당에 관한 사항에 해당한다. 기업들은 이러한 식으로 배당정책을 수행하고 있는데 참고 삼아 이를 올려본다(전자공시시스템에서 발췌함).

6. 배당에 관한 사항

당사는 제품 및 사업 경쟁력 강화와 함께 주주환원을 통해 주주가치를 제고할 수 있도록 지속적으로 노력하고 있습니다. 당사는 2018~2020년의 주주환원 정책에 따라 3년간 잉여현금흐름(Free Cash Flow)의 50%를 주주환원 재원으로 활용해, 매년 연간 총 9.6조 원 수준의 정규 배당을 실시하고 잔여 재원 10.7조 원을 특별배당금 성격으로 2020년 기말 정규 배당에 더해 지급했습니다. 또한, 당사는 2021~2023년의 주주환원 정책을 2021년 1월에 발표했습니다. 이에 따라 향후 3년의 사업연도에도 잉여현금흐름의 50%를 재원으로 활용하되 정규 배당을 연간 총 9.8조원 수준으로 확대하고 잔여 재원이 발생하는 경우에는 추가로 환원할 계획입니다.

[배당 이력]   (단위 : 회, %)

연속 배당횟수		평균 배당수익률	
분기(중간)배당	결산배당	최근 3년간	최근 5년간
32	40	3.4	2.7

직장 생활에서 한 걸음 앞서 나가는 Reset 회계 공부

실무에서 사용하는 재무상태표와 손익계산서의 양식을 대략 살펴보면 다음과 같다. 이에 대한 작성법 및 각 계정과목 등에 대한 설명은 '한국회계기준원(www.kasb.or.kr)' 홈페이지에서 알 수 있다.

1. 재무상태표

재무상태표

제×기 20××년×월×일 현재
제×기 20××년×월×일 현재

기업명 (단위 : 원)

과목	당기	전기
자 산		
유동자산	×××	×××
당좌자산	×××	×××
현금및현금성자산★¹	×××	×××
단기투자자산	×××	×××
매출채권	×××	×××
선급비용★²	×××	×××
이연법인세자산	×××	×××
......	×××	×××
재고자산	×××	×××
제품	×××	×××
재공품	×××	×××
원재료	×××	×××
......	×××	×××
비유동자산	×××	×××
투자자산	×××	×××
투자부동산	×××	×××
장기투자증권	×××	×××
지분법적용투자주식★³	×××	×××
......	×××	×××
유형자산	×××	×××
토지	×××	×××
설비자산	×××	×××
(-) 감가상각누계액	(×××)	(×××)
건설중인자산★⁴	×××	×××
......	×××	×××
무형자산	×××	×××
영업권	×××	×××
산업재산권	×××	×××
개발비	×××	×××
......	×××	×××
기타비유동자산	×××	×××
이연법인세자산★⁵	×××	×××
......	×××	×××
자산 총계	×××	×××

부　　채				
유동부채			×××		×××
	단기차입금	×××		×××
	매입채무	×××		×××
	당기법인세부채	×××		×××
	미지급비용 *6	×××		×××
	이연법인세부채	×××		×××
	……	×××		×××
비유동부채			×××		×××
	사채	×××		×××
	신주인수권부사채	×××		×××
	전환사채 *7	×××		×××
	장기차입금	×××		×××
	퇴직급여충당부채 *8	×××		×××
	장기제품보증충당부채	×××		×××
	이연법인세부채	×××		×××
	……	×××		×××
부채 총계			×××		×××

과목	당기	전기

자　　본				
자본금			×××		×××
	보통주자본금	×××		×××
	우선주자본금	×××		×××
자본잉여금			×××		×××
	주식발행초과금	×××		×××
	……	×××		×××
자본조정			×××		×××
	자기주식 *9	×××		×××
		×××		×××
기타포괄손익누계액				
	매도가능증권평가손익 *10	×××		×××
	해외사업환산손익	×××		×××
	현금흐름위험회피	×××		×××
	파생상품평가손익	×××		×××
	……	×××		×××
이익잉여금(또는 결손금)			×××		×××
	법정적립금	×××		×××
	임의적립금	×××		×××
	미처분이익잉여금			
	(또는 미처리결손금)			
자본 총계			×××		×××
부채 및 자본 총계			×××		×××

*1 현금및현금성자산 : 현금성자산은 ① 유가증권 및 단기금융상품으로서, ② 큰 거래비용 없이 현금으로 전환이 용이하고, ③ 이자율변동에 따른 가치변동의 위험이 중요하지 않으며, ④ 취득 당시 만기(또는 상환일)가 3개월 이내에 도래하는 것을 말한다. 대표적으로 만기가 3개월이 안 남은 채권이 이에 해당한다.

*2 선급비용 : 선급된 비용 중 1년 이내에 도래하는 비용을 말한다.

*3 지분법적용투자주식 : 주식 중 다른 회사에 중대한 영향력(통상 20% 이상 점유)을 행사할 수 있는 주식을 한다. 지분법으로 손익을 평가한다.

*4 건설중인자산 : 미완성된 유형자산의 건설 또는 기계장치의 구입을 위해 지출을 건설의 완성 또는 기계장치의 도착에 이르기 전까지 일시적으로 처리하는 임시계정을 말한다. 건설이 완공되거나 기계장치를 완성이 가능하면 본 계정(건물이나 기계장치)으로 대체된다.

*5 이연법인세자산 : 회계와 세법상 일시적인 차이로 미래에 법인세가 경감될 세액을 계상한 것을 말한다. 그 반대는 이연법인세부채로 계상한다.

*6 미지급비용 : 계속적으로 용역제공을 받고 있는 상황에서 이미 제공된 용역에 대해 아직 그 대가를 지급하지 못한 것을 말한다.

*7 전환사채 : 부채인 사채로 발행되나 사전에 정해진 조건에 따라 채권 보유자의 청구가 있을 때 미리 결정된 조건대로 발행회사의 주식으로 전환할 수 있는 특약이 있는 사채를 말한다.

*8 퇴직급여충당금부채 : 결산일 현재 전임직원이 퇴직할 것을 가정했을 때 지급할 의무가 있는 채무를 말한다. 세법에서는 2016년부터 이 제도에 의한 손비처리를 인정하지 않으므로 퇴직연금에 가입하는 것이 좋다. 다만, 외감법을 적용받는 기업은 이 부채를 계상해야 한다(향후 법인세 신고 때 세무조정을 해서 법인세를 신고하게 된다).

*9 자기주식 : 회사가 발행한 주식을 그 회사가 매입하는 것을 말한다. 자본조정의 항목으로서 자본금의 차감계정에 해당한다.

*10 매도가능증권평가손익 : 당기에 평가손익이 실현이 되지 않아 손익계산서에 반영할 수 없는 성질의 평가손익을 말하며, 자본조정항목으로 계상하게 된다(국제회계기준에서는 손익계산서상의 포괄손익으로 계상).

2. 손익계산서

손익계산서

제×기 20××년×월×일부터   20××년×월×일까지
제×기 20××년×월×일부터   20××년×월×일까지

기업명 (단위 : 원)

과목	당기	전기
매출액	×××	×××
매출원가★¹	×××	×××
기초제품(또는 상품)재고액	×××	×××
당기제품제조원가	×××	×××
(또는 당기상품매입액)		
기말제품(또는 상품)재고액	(×××)	(×××)
매출총이익(또는 매출총손실)	×××	×××
판매비와관리비	×××	×××
급여	×××	×××
퇴직급여	×××	×××
복리후생비	×××	×××
임차료	×××	×××
접대비	×××	×××
감가상각비	×××	×××
무형자산상각비	×××	×××
세금과공과	×××	×××
광고선전비	×××	×××
연구비★²	×××	×××
경상개발비★²	×××	×××
대손상각비	×××	×××
……	×××	×××

영업이익(또는 영업손실)		×××	×××
영업외수익		×××	×××
이자수익	×××	×××	
배당금수익	×××	×××	
임대료	×××	×××	
단기투자자산처분이익	×××	×××	
단기투자자산평가이익*³	×××	×××	
외환차익	×××	×××	
외화환산이익	×××	×××	
지분법이익	×××	×××	
장기투자증권상차손환입	×××	×××	
유형자산처분이익	×××	×××	
사채상환이익	×××	×××	
전기오류수정이익	×××	×××	
……	×××	×××	
영업외비용		×××	×××
이자비용	×××	×××	
기타의대손상각비	×××	×××	
단기투자자산처분손실	×××	×××	
단기투자자산평가손실	×××	×××	
재고자산감모손실*⁴	×××	×××	
외환차손	×××	×××	
외화환산손실	×××	×××	
기부금	×××	×××	
지분법손실	×××	×××	
장기투자증권상차손	×××	×××	
유형자산처분손실	×××	×××	
사채상환손실	×××	×××	
전기오류수정손실	×××	×××	
……	×××	×××	
법인세비용차전순손익		×××	×××
법인세비용*⁵		×××	×××
당기순이익(또는 당기순손실)		×××	×××

*¹ 매출원가 : 재고자산 중 당기에 판매된 자산의 원가를 말한다.

*² 연구비, 경상개발비 : 자산성이 없는 비용으로서 연구비는 시험연구비용이고, 경상개발비는 경상적으로 지급되는 개발비를 말한다.

*³ 단기투자자산평가이익 : 단기간 투자를 목적으로 하는 유가증권 등의 평가이익을 말한다. 회계기준은 이러한 자산에 대한 평가손익은 재무제표에 반영하도록 요구하나 세법은 이를 부인한다. 따라서 회사가 이를 재무제표에 반영한 경우에는 세무조정을 통해 법인세를 신고해야 한다.

*⁴ 재고자산감모손실 : 실지 재고량이 장부상의 재고량보다 작은 경우의 차액을 말한다. 세법에서는 파손·부패 등의 사유로 정상가격으로 판매할 수 없는 재고자산인 경우에 한해 그 사유가 발생한 사업연도에 손금으로 계상한 때에 손금산입할 수 있도록 하고 있다.

*⁵ 법인세비용 : 당기의 이익에 대응해 손익계산서에 보고되는 법인세와 관련된 비용항목을 말한다. 여기서 주의할 것은 이 법인세비용은 당기에 실제로 납부해야 하는 법인세액과는 다르다는 것이다. 법인세는 다음과 같은 과정을 거쳐 도출된다.
- 회계상의 당기순이익
± 세무조정
= 과세표준
× 세율(9~24%)

☞ 기타 재무제표에는 현금흐름표, 자본변동표, 이익잉여금처분계산서, 주석 등이 있다.

Tip 주석

주석은 재무제표 본문에 기재하기 힘든 사업의 개요 등을 별도로 기재한 것이다.
다음은 H자동차회사의 2021년 상반기 재무제표 주석이다.

(2) 매출채권의 연령분석
당반기 말 현재, 매출채권 연령분석의 세부내용은 다음과 같습니다.

(단위 : 백만 원)

구분	연체된 일수					손상된 채권
	미연체	만기 경과후 90일 이하	만기 경과후 91일~180일	만기 경과후 180일 초과	계	
총장부 금액	4,394,817	125,317	7,046	95,991	4,623,171	47,250

→ 재무제표이용자들은 앞의 매출채권 연령분석 내용을 통해 이 기업의 매출채권
중 연체현황 등을 세부적으로 알 수 있다. 재무제표 본문을 통해서는 이러한 정
보를 얻을 수 없음은 당연하다.

※ 저자 주
이하에서는 다음과 같은 절차에 따라 재무제표에 대한 이해를 해보고자 한다.

첫째, 재무제표 구성요소에 대한 이해(제3장)
둘째, 개별재무제표에 대한 수직적, 수평적 분석(제4장)[19]
셋째, 개별재무제표를 통합한 분석(제5장, 재무비율 분석은 부록 참조)[20]

---

19) 수직적 분석은 당기의 실적을 위주로, 수평적 분석은 전기와 당기의 실적을 비
교하는 식으로 분석하는 것을 말한다.
20) 개별재무제표를 통합해 한꺼번에 분석하는 것을 말한다.

제 **3** 장

재무제표
구성요소의 이해

01
재무상태표의
구성요소

재무제표는 재무상태표나 손익계산서, 현금흐름표 같은 여러 가지 표를 말한다. 그런데 이러한 재무제표는 모두 기중의 회계처리에 의해 일정한 과정을 거쳐 만들어진다. 따라서 독자들은 표상의 숫자에만 매몰되지 말고 어떤 과정을 통해 이 표들이 만들어졌는지를 늘 탐구해야 한다. 이하에서는 재무상태표의 구성요소부터 간략하게 살펴보자.

1. 사례 1

다음과 같이 단순화한 재무상태표를 보고, 물음에 답해보자. 참고로 재무상태표의 구성요소를 이해할 때에는 자본과 부채 그리고 자산순서로 살펴보고, 부채의 비중이 얼마나 되는지 점검한다. 그리고 이의 축소를 위해 어떤 식으로 해야 하는지 등도 아울러 살펴보는 것이 좋다.

자산	부채
Ⅰ. 유동자산	**Ⅰ. 유동부채**
1. 당좌자산	1. 외상매입금
현금	2. 예수금
매출채권	**Ⅱ. 비유동부채**
(대손충당금)	1. 장기차입금
2. 재고자산	2. 퇴직급여충당금
Ⅱ. 비유동자산	자본
1. 투자자산	**Ⅰ. 자본금**
2. 유형자산	**Ⅱ. 자본잉여금**
비품	1. 주식발행초과금
(감가상각누계액)	2. 감자차익
3. 무형자산	**Ⅲ. 이익잉여금**
4. 기타	1. 법정적립금
	2. 차기이월이익잉여금(당기순이익 포함)
자산 계	**부채와 자본 계**

Q¹. 재무상태표에서는 어떤 정보를 얻을 수 있는가?

재무상태표는 크게 자산과 부채 및 자본 항목으로 구성된다. 이때 왼쪽의 자산은 오른쪽 란의 자본이 투입된 결과를 나타낸다. 이렇게 보면 자산은 투자자의 자본과 부채를 조달한 결과이고, 이는 이익창출을 위해 존재하는 것이라고 할 수 있다. 따라서 재무상태표는 이익을 달성하기 위해 어떤 재원을 보유하고 있는지 등을 알 수 있도록 해준다.

Q². 유동자산과 유동부채는 무엇을 의미하는가?

'유동(流動)'이라는 의미는 보통 12월 31일(기말)로부터 1년 내의 단기간에 걸쳐 현금흐름이 발생하는 것을 말한다. 그 성격이 자산이면 '유동자산', 부채이면 '유동부채'로 부른다.

Q³. 비유동자산과 비유동부채는 무엇을 의미하는가?

'비유동(非流動)'이라는 의미는 보통 12월 31일(기말)로부터 1년 후 장기간에 걸쳐 현금흐름이 발생하는 것을 말한다. 그 성격이 자산이면 '비유동자산(종전 고정자산)', 부채이면 '비유동부채(종전 고정부채)'로 부른다.

Q⁴. 자본은 무엇을 의미하는가?

이는 회사영업을 위해 주주가 출자한 자금을 말한다. 자본이 풍부해야 채권자를 보호할 수 있다.

2. 재무상태표 구성요소

1) 자산

현금, 상품 등 기업이 소유하고 있는 각종 재화나 채권 등을 말한다. 자산은 크게 유동자산과 비유동자산으로 나뉜다. 유동자산 등에 대한 세부적인 계정과목은 제2장의 '심층분석' 편을 참조하기 바란다(이하 동일).[21]

2) 부채

기업이 장차 현금 등으로 갚아야 할 의무가 있는 채무를 말한다. 부채는 크게 유동부채와 비유동부채로 나뉜다.

---

21) 각 계정과목에 대한 세세한 설명은 '한국회계기준원' 홈페이지에서 상세히 설명하고 있으므로 여기에서는 생략하기로 한다.

3) 자본

자산에서 부채를 차감한 기업의 순자산을 말한다. 자본은 크게 자본금과 잉여금으로 구분된다.

3. 사례 2

어떤 기업의 재무상태표가 다음과 같다고 하자.

자산	부채와 자본
자산 100억 원	부채 50억 원
	자본 50억 원
계 100억 원	계 100억 원

Q[1]. 순자산가액은 얼마인가?

순자산가액은 자산에서 부채를 차감한 잔액, 즉 자본을 말한다. 사례의 경우 50억 원이 순자산가액이 된다.

Q[2]. 자산 중 대표이사가 인출한 금액 10억 원이 포함되어 있다. 이 금액은 자산 중 무슨 계정과목으로 표시되어 있을까?

회사의 입장에서 보면 대표이사가 가지고 나간 돈은 일종의 대여금에 해당한다. 실무적으로는 '주주·임원·종업원대여금'으로 표시하는 경우가 일반적이다.

Q³. 부채 중에는 전환사채 10억 원이 포함되었다. 이 사채는 무엇을 의미하는가?

전환사채는 부채에 해당하나 채권자들한테 주식으로 전환할 수 있는 권리를 부여한 사채를 말한다. 따라서 전환권리를 행사하면 부채에서 자본으로 항목이 변경된다.

Q⁴. 자본 중에는 잉여금 10억 원이 포함되었다. 이는 무엇을 의미하는가?

잉여금은 회사가 벌어들인 이익 중 사내에 유보된 누적이익을 말한다. 이러한 잉여금은 궁극적으로 주주들에게 배분될 재원에 해당하므로 자본항목으로 분류하고 있는 것을 의미한다.

02
손익계산서의 구성요소

손익계산서는 1회계기간 동안 기업이 벌어들인 이익 등을 나타내는 표에 해당한다. 이러한 손익계산서의 구성요소는 앞의 재무상태표에 비해 상대적으로 간단한다. 이하에서 이의 구성요소에 대해 알아보자.

1. 사례 1

다음과 같이 단순화한 손익계산서를 보고, 물음에 답해보자. 참고로 손익계산서 구성요소를 이해할 때에는 이익을 다양하게 구분하는 이유와 어떤 식으로 해야 이익을 극대화할 수 있는지 등에 초점을 맞추는 것이 좋다.

구분	계정과목
매출	
– 매출원가	
= 매출총이익	
– 판매관리비	임직원급여 복리후생비 접대비 광고비 판매촉진비 임차료 감가상각비 기타비용
= 영업이익	
+ 영업외수익	유형자산처분이익 등
– 영업외비용	이자비용 등
= 법인세비용차감전순이익	
– 법인세등	
= 당기순이익	

Q¹. 손익계산서는 누구에게 어떤 정보를 제공하는가?

손익계산서는 '이익'이라는 아주 중요한 정보가 들어 있다. 이 이익은 주주에 대한 배당의 원천이자 직원들에 대한 성과급(스톡옵션 포함) 지급의 근거가 되기도 한다. 또한 은행의 입장에서는 대출심사를 할 때 평가의 요소에 해당하며, 투자자들은 수익성을 평가할 때 이에 대한 정보를 이용하기도 한다. 한편 국가는 이를 바탕으로 세금을 부과하므로 국가 역시 정보이용자의 범주에 속하게 된다.

Q². 매출원가는 무엇을 의미하는가?

매출을 달성하는 데 들어간 직접적인 원가를 말한다. 상품구입원가, 제품제조원가 등과 관련이 있다. 참고로 판매관리비는 판매비와 일반관리비의 줄임말이다. 이는 곧 판매와 일반관리를 위해 들어간 제 비용의 합계액을 말한다.

Q³. 손익계산서는 왜 이익을 여러 단계로 나누는가?

이렇게 하는 것이 정보의 가치를 제고시키기 때문이다. 예를 들어 상품을 100원에 구입해 200원에 팔면 100원이 남는데, 이 이익을 매출총이익이라고 한다. 이러한 이익을 달성하기 위해서는 인건비 등이 투입되는데, 이를 제외한 이익이 바로 영업이익이 된다. 이러한 영업이익이 많으면 이 기업은 좋은 기업으로 평가받을 가능성이 높다. 이처럼 이익을 여러 가지 종류로 나누면 다양한 각도에서 분석할 수 있다.

2. 손익계산서 구성요소

손익계산서의 구성요소는 크게 두 가지가 된다. 이익은 수익에서 비용을 차감해서 계산한다.

1) 수익
현금을 유입시켜주는 요소로 매출과 영업외수익 등을 말한다.

2) 비용

인건비 등 제 비용을 말한다.

3. 사례 2

(주)매출의 당기 손익계산서가 다음과 같다. 물음에 답해보자.

구분	금액
매출	100억 원
매출원가	50억 원
매출총이익	50억 원
판매관리비	30억 원
영업이익	20억 원
영업외수익	–
영업외비용	10억 원
법인세비용차감전순이익	10억 원
법인세비용	1억 원
당기순이익	9억 원

Q¹. 이 기업에서 변호사 자문비로 1억 원으로 지급했다. 이 금액은 어느 항목에 반영되었을까?

이는 일반관리비에 해당하므로 손익계산서상의 판매관리비 항목에 반영된다.

Q². 이 기업에서 이자를 10억 원을 지급했다. 이 금액은 어느 항목에 반영되었을까?

이자는 영업 활동과 관련이 없는 것으로 보아 영업외비용 항목에 반영된다. 그런데 기업이 차입금이 많으면 재무구조가 불안정해지고 이자비용도 많아지므로 재무제표 이용자들은 이자비용에 대해 다각도로 분석을 하곤 한다.

Q³. 법인세비용은 이 기업이 실제 내야 할 법인세를 말하는가?

아니다. 이 비용은 회계기준에 의해 대략 계산된 법인세를 말한다. 실제 내는 법인세는 법인세법 등에 따라 별도의 계산과정을 통해 도출이 된다. 법인세 계산과정을 대략 살펴보면 다음과 같다.

손익계산서상의 당기순이익
± 세무조정[22]
= 각 사업연도소득금액
× 세율
= 법인세

---

22) 세무조정은 기업회계상의 당기순이익을 세법상의 과세소득으로 바꾸는 작업을 말한다. 예를 들어 당기순이익이 1억 원인데 이의 계산에 반영된 비용 중 1억 원이 세법을 위배한 접대비에 해당한다면 아래와 같이 세무조정을 해서 과세소득 (각 사업연도소득금액)을 산출한다.

· 당기순이익 1억 원+익금산입(접대비 부인액) 1억 원=2억 원

Tip 손익계산서와 재무상태표의 연결고리

손익계산서상의 당기순이익 중 이익배당 등으로 남은 이익은 사내에 축적이 되는데, 이 금액은 재무상태표의 자본에 편입되게 된다. 따라서 이를 연결고리로 해서 손익계산서와 재무제표가 연동된다.

| 사례 |

〈당기〉
- 매출 : 1천억 원
- 비용 : 900억 원
- 당기순이익 : 80억 원

〈전기말〉
- 자산 : 1천억 원
- 부채 : 900억 원

※ 당기순이익 증가분은 모두 자산과 자본의 증가로 이어짐.

Q. 이 기업의 기말 재무상태표의 모습은?

기초	기중	기말
자산 1천억 원	80억 원	1천 80억 원
부채 900억 원	–	900억 원
자본 100억 원	80억 원	180억 원

재무상태표를 보면 손익계산서상의 당기순이익은 기말의 재무상태표상의 자본에 합해진다.

→ 여기에서 알 수 있는 사실은 주주의 배당금을 늘리기 위해서는 회사의 이익을 증대시켜야 한다는 것이다.

03 현금흐름표 구성요소

앞에서 본 재무상태표와 손익계산서에서는 현금흐름에 대한 정보를 전혀 제공하지 않고 있다. 예를 들어 재무상태표는 기초현금과 기말현금의 차이만을 제공해주며, 손익계산서상의 이익은 현금흐름과 무관하게 작성되어 현금흐름을 알기가 힘들다. 이러한 측면에서 현금흐름표가 재무제표의 한 축으로 자리 잡게 되었다.

1. 사례 1

다음과 같이 단순화한 현금흐름표를 보고, 물음에 답해보자. 참고로 현금흐름표을 읽을 때에는 현금흐름의 종류와 그에 대한 의미를 정확히 이해하는 것이 중요하다. 또한 어떻게 하면 현금유입을 촉진시킬 수 있는지 등에 대해서도 관심을 두는 것이 좋다.

과목	제1(당)기	
	금액	
Ⅰ. 영업 활동으로 인한 현금흐름 1. 당기순이익 2. 현금의 유출이 없는 비용 등의 가산 3. 현금의 유입이 없는 수익 등의 차감 4. 영업 활동으로 인한 자산·부채의 변동 매출채권의 감소(증가) **Ⅱ. 투자 활동으로 인한 현금흐름** 1. 투자 활동으로 인한 현금유입액 건물의 처분 2. 투자 활동으로 인한 현금유출액 유가증권의 취득 **Ⅲ. 재무 활동으로 인한 현금흐름** 1. 재무 활동으로 인한 현금유입액 주식의 발행 2. 재무 활동으로 인한 현금유출액 단기차입금의 상환		
Ⅳ. 현금의 증가(감소)(Ⅰ+Ⅱ+Ⅲ) **Ⅴ. 기초의 현금**		
Ⅵ. 기말의 현금		

Q^1. 현금흐름표는 어떤 정보를 제공하는가?

재무상태표나 손익계산서에서 알 수 없는 현금흐름에 대한 정보를 제공한다.

Q^2. 영업 활동으로 인한 현금흐름은 무엇을 의미하는가?

이는 판매하고 제조하는 활동으로 인해 발생하는 현금흐름을 말한다. 예를 들어 판매를 통해 입금되고 인건비를 지급한 경우 모두 이의 활동과 관련된다.

Q³. 투자 활동으로 인한 현금흐름은 무엇을 의미하는가?

설비를 구입하거나 매각하는 경우, 부동산을 구입하거나 매각하는 경우 등 이의 활동에 따른 현금흐름에 해당한다. 부동산을 매각하면 현금이 유입되는데, 이는 구조조정의 일환이라고 유추해볼 수 있다.

Q⁴. 재무 활동으로 인한 현금흐름은 무엇을 의미하는가?

부채를 조달하거나 상환하는 활동, 주식을 발행하거나 배당금을 지급하는 활동에 따라 발생하는 현금흐름을 말한다. 이 현금흐름이 플러스이면 부채를 조달한 것으로도 해석할 수 있다.

2. 현금흐름표 구성요소

현금흐름표의 구성요소는 크게 다음과 같이 3개로 분류된다.

구분	영업 활동으로 인한 현금흐름	투자 활동으로 인한 현금흐름	재무 활동으로 인한 현금흐름
의의	생산이나 구매 그리고 판매 활동	자산취득이나 처분 활동 (유가증권·투자·유형자산 등)	부채·자본증가 감소거래 (장·단기 차입금·주식 등)
현금유입	매출(매출채권 회수) 이자수익 등 현금수입	대여금 회수 투자·유형자산 처분 등	차입금 차입 주식 발행 등
현금유출	매입(매입채무 결제액) 인건비, 이자 등 현금지출	현금대여 유가증권, 유형자산 취득 등	차입금 상환 배당금 지급 등

3. 사례 2

Q¹. 어떤 기업의 현금흐름이 다음과 같은 양상을 하고 있다. 이 기업은 어떤 상황에 처해 있는가?

영업 활동	+
투자 활동	+++
재무 활동	- - -

투자자산을 팔아서 재무 활동, 즉 부채상환에 나서고 있다. 즉 구조조정에 나서고 있다고 볼 수 있다.

Q². 어떤 기업에서 천문학적인 개발이익을 몰래 빼돌렸다. 현금흐름표는 어떤 모습을 하고 있을까?

영업 활동	- -
투자 활동	-
재무 활동	- - -

영업 활동부터 재무 활동까지 현금유출이 발생할 가능성이 높다.

04
재무제표가
만들어지는 원리

재무제표를 제대로 이해하기 위해서는 재무제표가 어떤 원리로 만들어지는지를 아는 것도 중요하다. 이러한 과정을 아는 것과 모르는 것의 차이는 하늘과 땅의 차이가 나기 때문이다. 지금까지 문제가 된 기업들의 경우 그럴듯하게 재무제표를 공시해왔지만 일이 터진 후에야 회계오류가 있었음을 알 수 있었던 현실을 직시해야한다. 이하에서 재무상태표, 손익계산서, 현금흐름표를 중심으로 이에 대한 작성원리를 알아보자.

1. 자본의 투입

자본금이 1억 원인 K기업이 설립되었다고 하자. 이 경우 재무상태표는 다음과 같이 만들어진다.

자산 　현금 1억 원	부채
	자본 　자본금 1억 원
자산 계 1억 원	**부채와 자본 계 1억 원**

→ K기업은 자기자본 1억 원으로 자금이 조달되었고, 현금자산 1
　억 원을 보유하고 있다.

2. 사업시설의 준비

투자된 자본금으로 사무실도 구하고 각종 비품을 구입했다고 하
자. 그 결과 앞의 재무상태표는 다음과 같이 변한다.

자산 　현금 8천만 원 　임차보증금 1천만 원 　비품 1천만 원	부채
	자본 　자본금 1억 원
자산 계 1억 원	**부채와 자본 계 1억 원**

→ 전체적인 금액은 변하지 않고 자산구성 상태만 바뀌었다.

3. 수익창출의 시작

이제 영업 활동을 시작해서 수익을 창출한다고 하자. 이때 사업

을 본격적으로 진행하면 다양한 회계거래가 파생하게 되는데, 이들의 내용은 모두 재무제표에 정리될 필요가 있다.

1) 당기 경영성과의 파악

매출 5천만 원, 인건비 등 3천만 원, 감가상각비 500만 원이 발생했다면 손익계산서는 다음과 같이 작성된다.

수익		5천만 원
비용		3,500만 원
인건비 등	3천만 원	
감가상각비	500만 원	
이익		1,500만 원

→ 손익계산서상의 이익은 1,500만 원이 된다. 참고로 앞의 감가상각비는 자산으로 처리된 비품의 연간 사용분을 말한다.

2) 재무상태의 파악

앞의 당기순이익 1,500만 원이 사내유보가 되었다면 재무상태표는 다음과 같이 작성된다.

자산	부채
현금 1억 원	
임차보증금 1천만 원	자본
비품 1천만 원	자본금 1억 원
(감가상각누계액 500만 원) 500만 원	이익잉여금 1,500만 원
자산 계 1억 1,500만 원	**부채와 자본 계 1억 1,500만 원**

→ 당기성과를 반영한 결과 총자산과 총자본은 각각 1억 1,500만 원이 된다. 이는 이익의 증가로 인해 당초 대비 1,500만 원의 자본이 증가된 것임을 알 수 있다.

3) 현금흐름의 파악

현금흐름표는 영업 활동·투자 활동·재무 활동별로 현금 유입액과 유출액을 파악한다.

구분	기초 잔액	기중		기말 잔액
		현금유입	현금유출	
영업 활동	0	5천만 원 (현금매출)	3천만 원 (인건비 등 지출)	2천만 원
투자 활동	0	–	2천만 원 (비품, 보증금 지출)	△2천만 원
재무 활동	1억 원	–	–	1억 원
계	1억 원	5천만 원	5천만 원	1억 원

→ 기업이 설립될 때 자본금 1억 원이 유입되었고 현금매출로 5천만 원이 유입되었다. 그러나 인건비와 비품대금 지급 등으로 5천만 원이 지출되어 결국 기말에는 1억 원의 현금을 보유하고 있다.

Q. 앞의 K기업의 당기순이익은 1,500만 원이고, 영업 활동에 의한 현금흐름은 2천만 원이다. 이에 대한 재무평가를 하면?

이처럼 영업 활동 현금흐름이 순이익보다 크면 투자를 할 때 상당히 매력적인 기업으로 평가된다.

앞에서 잠깐 언급된 재무제표를 좀 더 쉽게 이해하고 분석하고 투자 등에 활용하기 위해서는 회계원리를 이해하는 것부터 출발해야 한다. 이 과정이 이해되지 않는 상태에서는 재무제표를 쳐다보았자 이해가 되지 않을 가능성이 높거나 수박 겉핥기식의 공부가 될 수밖에 없다. 이하에서는 회계원리 중 중요한 내용을 살펴보자.

1. 회계상의 거래

회계장부에 기록되는 숫자들은 모두 회계상의 거래로 자산과 부채, 그리고 자본의 증감을 가져온다.[23] 그리고 이러한 회계상의 거래는 원인과 결과에 따라 이중의 거래형태로 나타난다. 예를 들어 기업이 인건비를 지출한 경우를 보자.

원인		결과
인건비의 발생	➡	현금 지출

이를 회계처리로 표현하면 다음과 같다.

(차변) 인건비 ××× (대변) 현금 ×××

이러한 회계처리를 '분개한다'라고 하며, '인건비로 현금이 얼마 지출 되었다'라고 읽게 된다.

2. 차변과 대변의 역할

앞의 회계처리 내용을 보면 차변과 대변이라는 용어가 있다. 회계를 공부한 이들이라면 이러한 용어에 친숙하겠지만, 초보자들은 조금은

---

23) 따라서 주문 같은 행위는 이들의 증감이 없으므로 회계상의 거래에서 제외되어 장부에 기입될 수 없다.

생소할 것이다. 그렇다면 차변은 무엇이고, 대변은 무엇을 의미할까? 그런데 아쉽게도 이에 큰 뜻이 담겨 있는 것이 아니라 단순히 회계상의 거래를 이중으로 파악하기 위한 장치에 불과하다. 즉 회계에서는 회계상의 모든 거래를 원인과 결과에 따라 차변(借邊, Debt, Dr)과 대변(貸邊, Credit, Cr)으로 나누어 장부에 기입(복식부기)함으로써 차변의 계와 대변의 계를 일치(이를 대차평균의 원리라고 함)시켜 기록의 신뢰성이 제고되는 효과를 얻고자 한다.[24]

예를 들어 기계장치를 1억 원에 구입한 경우 회계처리는 다음과 같다.

위의 거래에서 차변은 원인이고 대변은 결과다. 만약 매출로 100만 원이 입금되었다면 다음과 같이 표시할 수 있다.

즉 이 거래에서는 대변이 원인이고 차변은 결과에 해당한다.

이렇게 거래를 이중으로 파악한 결과, 다음과 같이 차변의 계와 대변의 계가 일치함을 알 수 있다. 만일 회계처리가 제대로 되지 않으면 이 둘의 계가 일치하지 않을 것이다.[25]

---

24) 단, 모든 거래를 100% 신뢰할 수 있는 것은 아니다. 회계오류 등이 발생할 수 있기 때문이다.
25) 여기서 유의할 것은 이렇게 대차가 일치하더라도 회계처리의 내용이 잘되었다고 단정해서는 곤란하다. 회계조작을 통해 대차를 맞출 수 있기 때문이다.

구분	차변	대변
기계장치 구입	1억 원	1억 원
매출 발생	100만 원	100만 원
계	1억 100만 원	1억 100만 원

3. 거래의 8요소에 대한 이해

앞의 분개내용을 보면 회계상의 거래는 모두 차변과 대변항목으로 구성됨을 알 수 있다. 그런데 현실에서의 회계상의 거래는 다음과 같은 조합형태로 발생한다. 이를 거래의 8요소라고 한다.[26]

거래요소의 결합형태표

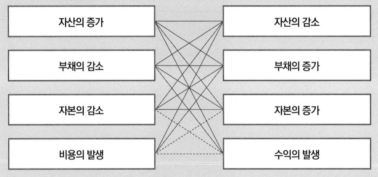

그림을 보면 회계상의 거래는 자산의 증가와 감소, 부채의 증가와 감소, 자본의 증가와 감소, 수익의 발생, 비용의 발생 등 여덟 가지의 거래 요소들이 결합된 형태로 나타난다. 예를 들어 앞에서 본 기계장치 구입은 자산의 증가와 자산의 감소가 동시에 발생하고, 매출 발생은 수익의 발생과 자산의 증가를 가져왔다.

---

26) 앞의 그림상의 점선으로 표시된 부분은 실무적으로 잘 발생되지 않는다. 따라서 총 16개의 거래형태 중 13개 정도가 실무적으로 발생한다.

한편 기업이 취득한 자산에 대해 감가상각[27]을 한 경우 이는 다음과 같이 두 가지의 사건이 결합하게 된다.

· 감가상각비 발생 ➡ 감가상각누계액의 발생
　(비용 발생)　　　　　(자산감소)

이러한 거래의 8요소를 잘 이해하면 실무적으로 많은 도움을 받을 수 있다. 예를 들어 부채를 감소(차변)시키기 위해서는 ① 자산의 감소, ② 자본의 증가, ③ 수익의 발생 중에서 하나 또는 그 이상을 조합한 개선안을 찾을 수 있다.

4. 재무제표의 생산

거래의 8요소에 따라 회계처리를 한 목적은 궁극적으로 재무제표를 만들어 정보이용자들에게 적절한 정보를 제공하기 위해서다.

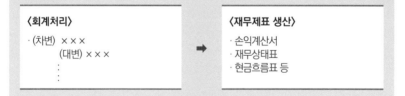

〈회계처리〉
· (차변) ×××
　(대변) ×××
　⋮
　⋮

➡

〈재무제표 생산〉
· 손익계산서
· 재무상태표
· 현금흐름표 등

참고로 실무에서는 회계처리만 정확히 진행된다면 컴퓨터를 통해 재무제표를 쉽게 만들 수 있다(결산과정 등에 대한 내용은 편의상 설명을 생략한다).

---

27) 기계장치 등을 경제적 내용연수(사용연수)에 맞게 정액법이나 정률법 등으로 회계연도에 맞춰 비용처리를 하는 것을 말한다.

앞의 내용들을 통해 보건대 앞으로 재무제표를 잘 이해하기 위해서는 '거래의 8요소'를 잘 알아둬야 함을 알 수 있다. 이 개념을 바탕으로 회계처리가 진행되고 재무제표가 탄생하기 때문이다. 이를 모르는 상태에서 재무제표를 이해한다는 것은 말처럼 그리되기란 쉽지 않다. 따라서 이러한 점을 극복하고 싶다면 다음의 내용을 잘 알아두었으면 한다.

1. 사례 1
K기업에서 다음과 같은 거래가 있었다.

〈자료〉
· 은행으로부터 대출 1억 원을 받았다.
· 매출 3억 원을 달성했으나 대금은 받지 못했다.
· 유상증자[28]로 3억 원을 수령했다.

Q[1]. 은행으로부터 대출을 받은 경우 이는 거래의 8요소 중 어떤 거래에 해당하는가?

일단 대출로 인해 차변에는 자산이 증가하나 대변에는 부채가 증가한다. 따라서 이 거래는 거래의 8요소 중 '자산의 증가-부채의 증가'의 조합에 해당한다.

(차변) 보통예금 ×××(자산증가) (대변) 차입금 ×××(부채증가)

Q[2]. 외상매출은 재무제표에 어떤 영향을 미치는가?

외상매출의 경우 차변은 자산증가, 대변은 수익발생의 형태가 된다.

---

28) 주식을 유상으로 발행하는 것을 말한다. 이에 대한 상대적인 개념에는 무상증자가 있다.

여기서 자산항목은 재무상태표와 관계되고, 수익은 손익계산서와 관계된다. 따라서 이 거래는 재무상태표와 손익계산서에 영향을 준다.

Q³. 유상증자를 한 경우 재무상태표에 미치는 영향은?

유상증자를 하면 현금이라는 자산이 증가되고, 그에 맞춰 자본금이 증가된다.

→ 거래의 8요소는 원인과 결과에 따른 구분이라고 할 수 있다. 예를 들어 위의 물음의 경우 유상증자로 자본금이 증가한 원인으로 현금이라는 자산이 발생한 것으로 볼 수 있다.

2. 거래의 8요소로 자산과 부채 등을 조절하는 방법

앞에서 본 거래의 8요소를 활용해 자산과 부채 등을 늘리고 줄이는 원리를 알아보자. 이러한 원리를 이해하면 재무제표를 분석하고 활용하는 데 많은 도움을 받을 수 있다. 심지어 분식회계 등을 발견해낼 수 있는 기회도 얻을 수 있다.

1) 자산을 늘리거나 줄이고 싶다면

자산을 늘리면 기업가치가 제고되고 줄이면 그 반대가 된다. 그렇다면 원하는 자산을 만들기 위해서는 어떻게 해야 할까?

구분	자산 ↑	자산 ↓
차변 또는 대변 해당 여부	차변에 해당	대변에 해당
회계전략	① 부채의 증가 ② 자본의 증가 ③ 수익의 발생	① 부채의 감소 ② 자본의 감소 ③ 비용의 발생

예를 들어 자산을 늘리고 싶다면 부채나 자본을 증가시키거나 수익을 발생시키면 된다. 그리고 자산을 줄이고 싶다면 앞과 반대로 하면 될 것이다.

2) 부채를 늘리거나 줄이고 싶다면

부채의 크기를 조절하는 방법을 알아보면 다음과 같다.

구분	부채↑	부채↓
차변 또는 대변 해당 여부	대변에 해당	차변에 해당
회계전략	① 자산의 증가 ② 자본의 감소 ③ 비용의 발생	① 자산의 감소 ② 자본의 증가 ③ 수익의 발생

예를 들어 부채를 줄이고 싶다면 자산을 감소시키거나 자본을 증가시키면 된다. 또한 수익을 발생시키면 부채가 줄어든다.

3) 자본을 늘리거나 줄이고 싶다면

자본의 크기를 조절하는 방법을 알아보면 다음과 같다.

구분	자본↑	자본↓
차변 또는 대변 해당 여부	대변에 해당	차변에 해당
회계전략	① 자산의 증가 ② 부채의 감소	① 자산의 감소 ② 부채의 증가

예를 들어 자본을 늘리고 싶다면 자산을 증가시키거나 부채를 감소시키면 된다.

3. 사례 2

K기업에서 일하고 있는 H씨는 이번에 재무에 관한 교육과정에 참여하고 있다. 다음과 같은 질문이 나왔는데 이를 해결해보자.

① 기업이 인건비를 지출하면 손익계산서, 재무상태표에 어떤 영향을 주는가?
② 기업이 1억 원짜리 기계장치를 취득하면 손익계산서, 재무상태표에 어떤 영향을 주는가?
③ 기업이 부채를 조달하면 손익계산서, 재무상태표에 어떤 영향을 주는가?

앞의 질문에 순차적으로 답을 찾아보자.

· 질문 ①의 경우(인건비를 지출한 경우)[29]

구분	내용
손익계산서	비용이 발생하므로 이익이 축소된다.
재무상태표	현금지출로 자산의 감소가 발생한다.

---

29) **기업의 비용지출이 재무제표에 미치는 영향**

기업이 비용을 지출하면 다음과 같이 기본적으로 다섯 군데에 영향을 준다.

손익계산서		재무상태표		
구분	영향		구분	영향
매출			자산 유동자산 비유동자산	④ 자산유출
– 매출원가				
= 매출총이익				
– 판매관리비 급여	① 비용발생		부채 유동부채 비유동부채	
= 영업이익				
+ 영업외수익			자본 자본금 잉여금	⑤ 잉여금감소
– 영업외비용 이자비용				
= 법인세비용차감전 순이익				
– 법인세비용	② 법인세축소			
= 당기순이익	③ 당기순이익 축소			

비용지출이 되면 손익계산서상의 비용이 발생하면서 법인세와 당기순이익이 축소되는 효과가 발생한다. 재무상태표상에서는 현금자산이 유출되고 손익계산서상 당기순이익 축소에 의해 잉여금이 감소하게 된다.

→ 이처럼 각각의 재무제표들은 한 몸으로 연결되어 있음을 알 수 있다.

· 질문 ②의 경우(기계장치를 취득한 경우)

구분	내용
손익계산서	취득 시에는 영향이 없으며 사용분에 대해서는 기말에 감가상각비를 계상하게 된다.
재무상태표	취득 시에는 영향이 없다. 자산항목 중 현금이 유형자산으로 바뀌었을 뿐이기 때문이다. 기말 시에는 감가상각비만큼 자산가액이 축소된다.

· 질문 ③의 경우(부채를 조달한 경우)

구분	내용
손익계산서	차입 시에는 영향이 없으며 이자발생분에 대해서는 손익계산서상에 이자를 계상하게 된다.
재무상태표	차입으로 인해 부채가 증가하는 동시에 자산이 증가한다.

Tip 회계처리의 중요성

재무제표는 회계처리를 통해 작성되므로 실무담당자의 작업내용이 상당히 중요할 수 있다. 다음 사례를 통해 이에 대해 알아보자.

| 사례 |

K기업은 이번에 연구개발비용으로 1억 원을 지출하려고 한다. 그런데 만일 이를 자산으로 보고하는 경우와 비용으로 보고하는 경우 재무제표에 어떤 영향을 미치게 될까?

1. 연구개발비를 비용으로 처리하는 경우

연구개발비를 비용으로 처리하는 경우 손익계산서와 재무상태표의 모습은 다음과 같다.

① 회계처리

(차변) 연구개발비(비용) 1억 원   (대변) 현금 1억 원

② 재무제표 모습

〈손익계산서〉

비용 1억 원	수익
이익 △1억 원	

〈재무상태표〉

자산 △1억 원	부채
	자본 △1억 원

즉 비용이 지출되어 이익이 줄어들고 자산이 줄어들게 된다. 또한 이익은 자본(잉여금)을 축소시키는 역할을 한다.

2. 연구개발비를 자산으로 처리하는 경우

연구개발비를 자산으로 처리하면 손익계산서와 재무상태표에는 영향이 없다. 다만, 자산의 구성항목이 '현금에서 무형자산(연구개발비)'으로 바뀔 뿐이다.

① 회계처리

(차변) 연구개발비(자산) 1억 원   (대변) 현금 1억 원

② 재무제표 모습

〈손익계산서〉

비용	수익
이익	

〈재무상태표〉

자산 (현금→무형자산)	부채
	자본

이렇듯 계정과목을 어떤 식으로 분류하느냐에 따라 재무제표에 미치는 영향이 달라진다. 따라서 기업이 자의적으로 회계처리를 하는 것을 방치하면 왜곡된 정보가 제공되어 각종 의사결정을 방해하므로 기업회계기준 같은 원칙들이 등장하게 된 것이다.

제 **4** 장

개별재무제표재무상태표,
손익계산서, 현금흐름표 **분석**

01
재무상태표에서
파악해야 할 정보들

직접 회계업무를 하지 않으면 재무제표의 작성과정을 알 수가 없다. 이것은 엄연한 현실이다. 그렇다면 비회계부서원들은 회계를 몰라도 될까? 아니다. 이들은 앞에서 본 과정을 거쳐 탄생한 재무제표 정도는 읽을 수가 있어야 한다. 다만, 숫자가 의미하는 바를 생각하면서 재무제표를 봐야 한다. 이하에서 이에 대한 내용을 점검해보자.

먼저 재무상태표부터 읽어보자.

1. 사례 1

㈜자산의 재무상태표가 다음과 같다고 하자.

구분	당기	전기
자산	100억 원	90억 원
자산 계	**100억 원**	**90억 원**
부채	60억 원	60억 원
자본	40억 원	30억 원
부채와 자본 계	**100억 원**	**90억 원**

Q¹. 당기의 자산에는 대표이사가 인출한 돈 10억 원이 있다. 이 돈은 어떤 식으로 회계처리가 되어 있을까?

유동자산 중의 계정과목인 대여금(또는 주주·임원·종업원 단기 대여금)항목으로 표시되어 있을 가능성이 높다.

(차변) 대여금 10억 원 (대변) 현금 10억 원

물론 이 돈의 성격이 업무와 관련이 있는지, 비자금에 해당하는지 등에 대해서는 별도로 성격 파악이 필요하다.

Q². 부채에는 대표이사의 개인 돈이 들어가 있다. 이 돈도 부채에 해당하는가? 그렇다면 이에 대한 입증방법은?

금융기관을 통해 대출을 받지 못하면 대표이사 등의 돈으로 자금을 충당할 수밖에 없다. 따라서 이러한 돈[30]도 차입금에 해당한다. 통상 차입약정서 등을 통해 입증한다.

---

30) 개인적으로 차입한 돈은 실무상 '가수금'이란 용어를 많이 사용한다.

Q³. 자산보다 부채가 더 크면 자본이 잠식된다. 이런 기업의 재무적 상황은?

자본이 잠식되면 기업가치가 급격히 쇠락을 하게 된다. 따라서 이러한 상황에서 부채를 갚을 능력을 상실하게 되며, 영업 활동을 하기가 상당히 힘들어진다. 한편 거래소에 상장이 된 경우에는 상장폐지의 가능성도 높아진다.[31]

Q⁴. ㈜자산은 전기에 비해 자산이 증가했다. 어떤 요인에 의해 증가되었다고 볼 수 있는가?

자산과 자본이 동시에 증가했으므로 유상증자가 있었다거나 잉여금이 발생했다고 추정해볼 수 있다.

2. 재무상태표 읽기

재무상태표의 구조를 통해서 알아내야 할 정보를 살펴보면 다음과 같다. 참고로 재무상태표는 자산과 부채 및 자본을 나열식으로 표시할 수도 있고, 다음처럼 병렬식으로 표시할 수도 있다. 물론 당

---

31) 상장폐지 사유 발생기업의 특징(금융감독원).
  · 지속적인 적자에 따른 자본잠식 등 취약한 재무구조에도 불구하고 영업 활동이 아닌 제3자 배정 유상증자 등으로 자금을 조달해 과도한 타 법인 주식 취득 및 자금을 대여한다.
  · 최대주주의 변경이 잦다.
  · 최대주주 변경 이후 대규모 자금을 빈번하게 조달한다.
  · 부실한 내부통제로 인한 횡령·배임이 자주 발생한다.
  · 해당 기업이 시세조종 등 불공정거래의 대상이 되거나 임직원 등이 연루된다.

기와 전기를 비교하는 식으로 표시를 해야 한다. 이 책에서는 편의상 당기와 전기를 비교하지 않는 경우도 있다.

사산	부채
Ⅰ. 유동자산 　1. 당좌자산 　　현금 　　매출채권 　　(대손충당금) 　2. 재고자산 **Ⅱ. 비유동자산** 　1. 투자자산 　2. 유형자산 　　비품 　　(감가상각누계액) 　3. 무형자산 　4. 기타	**Ⅰ. 유동부채** 　1. 외상매입금 　2. 예수금 **Ⅱ. 비유동부채** 　1. 장기차입금 　2. 퇴직급여충당금 자본 **Ⅰ. 자본금** **Ⅱ. 자본잉여금** 　1. 주식발행초과금 　2. 감자차익 **Ⅲ. 이익잉여금** 　1. 법정적립금 　2. 차기이월이익잉여금(당기순이익 포함)
자산 계	부채와 자본 계
자금의 사용	자금의 조달

　재무상태표상의 부채와 자본은 자금조달원의 구실을 하고, 자산은 자본이 투입된 결과를 나타낸다고 할 수 있다. 이러한 원리를 기억하면 재무상태표를 통해 다양한 정보를 파악할 수 있다.

　· 자본구조의 안정성을 파악할 수 있다.
　기업은 보유한 자원이 넉넉해야 기본적으로 안정성이 있다. 그런데 만일 부채가 많은 경우에는 어떤 현상이 발생할까? 깊게 생각지 않더라도 그 기업은 제대로 경영이 되지 않을 가능성이 높다는 것을 알 수 있을 것이다.

· **어떤 자산을 보유하고 있는지를 알 수 있다.**

보통 기업의 수익력은 우량한 자산에서 오는 경우가 많다. 예를 들어 첨단설비를 보유하고 있다면 기업의 수익성은 개선될 가능성이 높으며, 저평가된 부동산이나 투자 주식 등이 있다면 투자 이익도 증가될 가능성이 높다.

· **차입금을 지급할 능력이 있는지를 알 수 있다.**

차입금을 상환하는 힘은 곧 자산 중 현금과 현금성자산에서 생긴다. 만일 기업이 보유하고 있는 현금 등의 자산이 부족하다면 이 기업은 자금유동성에 문제가 발생할 가능성이 높다.

3. 사례 2

앞의 ㈜자산의 재무상태표를 기준으로 다음 물음에 답해보자.

Q1. ㈜자산의 당기 자기자본비율은 어떻게 평가되는가?

기업이 안정적으로 운영되기 위해서는 자본구조가 튼튼해야 한다. 이는 총자본 중에서 부채보다 자본이 더 큰 상황을 말한다. 이러한 자본구조의 안정성은 보통 총자본인 부채와 자본의 합계액에서 자기자본이 차지하는 비중(자기자본/총자본)을 가지고 분석한다. 이를 '자기자본비율'이라고 한다. ㈜자산의 당기 자기자본비율은 다음과 같이 평가된다.

$$\cdot \text{자기자본비율} = \frac{\text{자기자본}}{\text{총자본(=부채+자본)}} \times 100\% = \frac{40\text{억 원}}{100\text{억 원}} = 40\%$$

→ 실무에서는 이 비율이 50%를 넘으면 양호하다고 판단한다. 여기서 50%는 부채와 자기자본의 크기가 동일한 경우를 말한다. 따라서 자기자본이 부채보다 커야 자본구조가 튼튼하다고 할 수 있다. 사례의 경우에는 부채가 자본보다 크기 때문에 자본구조가 좋지 않다고 할 수 있다.[32]

Q². ㈜자산의 부채비율은?

부채비율을 통해서도 자본구조의 안정성을 살펴볼 수 있는데, 이 비율은 총부채를 자기자본으로 나눠서 계산한다. 그리고 이 비율이 100% 이하가 나와야 양호하다고 판정을 내릴 수 있다.

$$\cdot \text{부채비율} = \frac{\text{총부채(=유동부채+비유동부채)}}{\text{자기자본}} \times 100\% = \frac{60\text{억 원}}{50\text{억 원}} \times 100\% = 120\%$$

사례의 경우 부채 60억 원과 자기자본 50억 원을 앞의 식에 대입하면 부채비율은 120%가 나온다.[33]

---

32) 이러한 자기자본비율(또는 부채비율)은 대출이나 거래처납품, 주식 투자 등에서 가장 요긴하게 살펴보는 항목에 해당한다.
33) 자기자본비율 50%는 부채비율 100%와 같은 의미를 가지고 있다.

Q³. ㈜자산이 재무구조를 개선하기 위해 필요한 경영활동은?

자기자본비율이 떨어지고 있으므로 자본구조가 다소 불안하다. 이는 부채비율이 높다는 것을 의미하기도 하는데, 이러한 자본구조를 개선하기 위해서는 다음과 같이 자기자본을 늘리는 활동이 필요하다.

· 증자를 해서 자본금을 늘린다.
· 전환사채를 발행한 후 주식으로 전환한다.
· 부채나 채권을 출자금으로 대체한다.
· 이익처분 때 사외유출보다는 사내유보를 많이 한다.
· 외상매출금 등 매출채권을 조기에 회수해 부채를 갚는다.
· 재고자산을 줄여 남은 자금으로 부채를 줄인다.

Tip 부채비율의 함정

재무평가 시 약방의 감초처럼 등장하는 부채비율을 좀 더 자세히 분석해보자.

자산	부채 200
	자본 100

이 재무상태표를 기준으로 부채비율을 평가하면 다음과 같다.

$$부채비율 = \frac{총부채(=유동부채+비유동부채)}{자기자본} \times 100\% = 200\%$$

부채비율은 장부상에 잡혀 있는 부채와 자본만을 가지고 판단하기 때문에 자칫 오판을 불러일으킬 수 있다. 예를 들어 자산을 담보로 해서 자금을 융통한 다음 이를 장부에 반영하지 않는 상태에서 사용하면 부채에 영향을 주지 않게 된다. 또한 부채성격의 지출을 자본항목에 넣거나 자산의 차감계정 등의 항목으로 처리해도 마찬가지 결과가 나온다. 결국 실무자들은 이러한 상황을 이해하고 장부상의 수치에 너무 얽매어 판단하지 않도록 하자.

02
실전 기업의
재무상태표 읽기

앞에서 공부한 재무상태표에 관련된 몇 가지 지식을 가지고 기업의 재무상태표를 읽어보자. 실제 재무상태표는 당기와 전기를 비교하는 식으로 제공되는데, 먼저 당기와 전기를 비교해보고 차이 난 부분을 집중 분석한 후 당기의 재무상태표를 가지고 다양한 분석을 할 수 있을 것이다. 이하에서는 다음과 같은 자료를 통해 관련 내용을 파악하도록 하자.

※ 저자 주
독자들이 피부에 와 닿게 재무제표를 분석하고 싶다면 본인이 몸담고 있는 회사의 재무제표를 활용하는 것이 가장 좋다. 국내의 최상위 기업의 재무제표를 가지고 공부하는 것은 별 효과가 없다. 복잡하기만 할 뿐 얻을 수 있는 효과는 제한적이기 때문이다.

〈자료〉

구분	당기	전기
자산 유동자산 비유동자산	50억 원 50억 원	40억 원 50억 원
자산 계	100억 원	90억 원
부채 유동부채 비유동부채	20억 원 30억 원	20억 원 30억 원
자본 자본금 잉여금	10억 원 40억 원	10억 원 30억 원
부채와 자본 계	100억 원	90억 원

Q¹. 이 기업의 당기와 전기의 재무상태표를 비교해보면?

당기와 전기를 비교하면 우선 유동자산이 10억 원, 잉여금이 10억 원이 증가되었다. 잉여금이 10억 원 증가되었다는 것은 당기에 이익이 증가되었다는 것을 의미하고, 그에 따라 현금이나 매출채권 10억 원이 증가되었다고 할 수 있다. 이러한 내용에 대한 이해를 좀 더 해보려면 손익계산서상의 이익과 함께 유동자산 중 각 계정과목을 세부적으로 보는 것이 좋다.

Q². 이 기업의 당기의 재무상태는?

이 기업의 당기 말 현재 자산은 100억 원이고, 이 중 부채로 50억 원 나머지는 자본 50억 원으로 구성되었다. 따라서 재무상태는 비교적 양호한 것으로 보인다.

Q³. 앞의 자산 중에서는 부실자산 20억 원이 포함되어 있다. 이를 감안하면 순자산가액은 얼마가 되는가?

앞에서 계산된 순자산가액 50억 원에서 20억 원을 차감하면 30억 원이 된다. 부실자산은 사실상 자산가치가 없으므로 이를 제외하는 것이 타당하다. 따라서 장부상 잡혀 있는 자산을 액면 그대로 믿어서는 올바른 재무제표 분석을 할 수 없음을 간과해서는 안 된다.[34]

Q⁴. 이 자산 중에서는 1980년대에 취득한 부동산 1억 원이 포함되어 있다. 현재 이 부동산의 시가는 11억 원이 된다고 한다면 실제 순자산가액은 얼마인가?

순자산가액을 시가로 평가해 평가증한 금액 10억 원을 더하면 60억 원이 된다. 이처럼 오래전에 취득한 부동산을 현재 시세로 환산하면 자산가액이 크게 증가되고 궁극적으로 주주들의 배당금이 늘어날 여지가 커진다. 만일 이 기업의 주식이 상장된 경우라면 이러한 부분이 주가에 반영되었는지를 면밀하게 체크해서 투자 포인트로 삼을 수도 있을 것이다.[35]

Q⁵. 이 기업의 잉여금은 40억 원인데 이는 어떻게 사용되는가?

주주들에 대한 배당재원으로 사용할 수 있고 투자를 위해 사용할 수도 있다. 또한 자본금 전입용으로 사용할 수 있고, 향후 결손이 발생할 경우 상계용으로 사용할 수도 있다.

---

34) 이러한 관점에서 감사보고서 등에 내재된 숫자에 대한 주석을 잘 볼 필요가 있다.
35) 실제 이러한 기업이 있다면 투자해도 손해는 발생하지 않을 가능성이 높다.

Q⁶· 이 기업의 경영자는 주식 50%를 소유하고 있다. 경영자가 보유한 주식 가치는 얼마일까?

일단 장부상의 금액을 기준으로 하면 전체 자본은 50억 원이 된다. 따라서 이 금액의 50%인 25억 원이 이 기업 경영자가 보유한 주식 가치라고 할 수 있다. 하지만 자산을 재평가했더니 자본이 100억 원이 되었다면 주식 가치는 50억 원이 된다. 따라서 장부상에 나타나지 않는 의미 있는 정보를 찾아내는 것이 숙제가 된다.

Q⁷· 이 기업의 주주인 경영자는 얼마를 배당받을 수 있을까? 단, 지분율은 50%다.

잉여금이 40억 원이므로 이론상 이 금액의 50%인 20억 원을 배당받을 수 있다. 단, 금전배당 시 상법에서 규정하고 있는 이익준비금을 자본금의 1/2이 될 때까지 10% 이상 적립해야 한다(상법상 자본충실의 원칙 유지).

Q⁸· 이 기업의 잉여금은 40억 원인데 이 금액은 서류상 존재하는 것으로 실제 그에 상응하는 자산이 없다. 이 경우 이 기업의 재무상태표에서는 어떤 문제가 발생할까?

잉여금이 발생하면 그에 상응한 만큼의 자산을 보유하고 있어야 한다. 그런데 실제 자산이 없는 경우에는 가공자산이 발생한다. 이러한 가공자산의 한 예가 바로 가지급금[36]이라고 할 수 있다.

---

36) 무단 인출금으로 비자금의 원천이 될 수 있다.

Q⁹. 이 기업의 순운전자본은 얼마나 되는가? 유동자산과 유동부채로 따져서 계산하면?

순운전자본이란 영업 활동에 필요한 자본(돈)으로 보통 유동자산에서 유동부채를 차감한 돈을 말한다. 이 기업의 유동자산은 50억 원이고 유동부채는 30억 원이므로 20억 원이 된다. 따라서 이 기업은 단기부채를 유동자산으로 충분히 갚을 수 있는 여력이 있다고 판단을 내릴 수 있다.

Q¹⁰. 만일 유동자산 중 재고자산이 30억 원이 있다면 유동성은 어떻다고 할 수 있는가?

재고자산은 현금이 묶여 있는 자산이므로 유동성이 다소 떨어진다고 평가할 수 있다. 이러한 분석을 통해 알 수 있는 것은 한 가지의 지표만 가지고 재무분석을 하면 오류에 빠질 가능성이 있다는 것이다.

Q¹¹. 이 기업의 자기자본비율은?

총자본은 100억 원이고 자기자본은 50억 원이므로 50%가 된다. 이 정도면 양호한 자본구조를 가지고 있다고 할 수 있다.

Q¹². 이 기업의 부채비율은?

자기자본비율이 50%이므로 부채비율은 100%다. 부채비율은 분자가 부채이고, 분모가 자기자본이다. 사례의 부채는 50억 원이고 자기자본도 50억 원이다.

Q¹³. 유동비율은 얼마인가?

유동비율은 유동자산을 유동부채로 나눈 비율을 말한다. 이 비율은 유동자산으로 단기부채를 갚을 수 있는 능력을 보여준다. 사례의 경우 50억 원을 20억 원으로 나눈 후 100%를 곱하면 250%가 나온다. 따라서 이 경우 단기부채를 갚을 수 있는 능력이 충분함을 알 수 있다.

Tip 재무제표를 좀 더 잘 볼 수 있는 요령

· 금액의 크기를 고려한다.

→ 금액이 적은 것보다 큰 것이 재무제표에 미치는 영향이 크기 때문이다.

· 추세를 본다.

→ 과거 3~5년부터 현재까지(또는 미래까지)의 재무제표의 변동사항을 점검하면 의외로 많은 정보를 얻을 수 있다.

· 재무제표 간의 상관관계를 분석한다.

→ 재무상태표와 손익계산서 등의 관계를 분석하면 기업의 문제점 및 개선방향 등을 알 수 있다.

03
손익계산서에서
파악해야 하는 정보들

손익계산서는 기업이 보유한 재원(물적, 인적시설)을 활용해 얻은 경영성과를 기록한 재무제표를 말한다. 여기서 경영성과는 통상 수익에서 비용을 차감한 당기순손익을 말한다. 당기순이익은 '수익〉비용'일 때, 당기순손실은 '수익〈비용'일 때 발생한다. 이하에서는 손익계산서에서 찾아야 할 핵심 포인트에 대해 알아보자.

1. 사례 1

다음은 ㈜손익의 손익계산서에 해당한다. ㈜손익은 제조업을 영위하고 있다. 물음에 답해보자.

구분	당기	전기
매출	100	80
매출원가	60	50
매출총이익	40	30

판매관리비
  직원 급여
  광고비
  임차료
  기타비용
	30	20

영업이익	10	10
영업외수익		
영업외비용 이자비용	10	10
법인세비용차감전순이익		
법인세비용		
당기순이익	0	0

Q¹. ㈜손익의 당기순이익은 얼마인가? 그리고 실적이 저조한 이유는?

당기순이익은 0원이다. 이렇게 당기순이익이 0원이 된 이유 중 하나는 바로 과도한 이자비용이 발생했기 때문이다. 이 이자비용은 차입금에 의해 발생한다.

Q². ㈜손익의 영업이익은 적당한가?

일반적으로 제조업의 경우 영업이익률이 10% 이상이면 양호하게 이익을 내고 있다고 판단을 내릴 수 있다.[37)

---

37) 매출액영업이익률은 정상적인 경우 높을수록 좋으나 어떠한 표준치가 있을 수 없으므로 경쟁관계에 있는 기업이나 동종 업종의 평균치 또는 그 기업의 과거실 적과 비교해서 좋고 나쁨을 판단하게 된다(출처 : 한국은행 홈페이지).

Q³. ㈜손익의 이자비용은 얼마가 적당한가?

이자비용은 영업외비용 항목이고, 이는 영업이익으로 갚는 것이 원칙이다. 따라서 영업이익을 이자비용으로 나누어 1(100%) 이상이 되어야 문제가 없다고 할 수 있다(이를 '이자보상비율'이라고 한다). 예를 들어 ㈜손익의 영업이익은 1억 원이고, 이자비용은 1억 원이라면 이 비율은 1이 된다. 따라서 벌어들인 이익으로 이자를 전액 갚고 나면 당기순이익이 0원이므로 이 비율이 이보다 높아야 좋은 기업이라고 할 수 있다.

→ 참고로 이자보상비율은 수익성 분석을 할 때 자주 등장하는 지표에 해당한다.

Q⁴. 전기에 비해 매출은 증가되었으나 수익성은 개선되지 않았다. 그 이유는 무엇일까?

이러한 상황에서는 당기와 전기의 계정과목을 하나씩 비교해보면 답을 바로 찾을 수 있다. 앞의 경우 매출원가와 판매관리비가 증가했기 때문이다. 실무에서는 조금 더 세부적으로 살펴보면 직접적인 증가원인을 찾을 수 있다.

2. 손익계산서 읽기

손익계산서의 구조를 통해서 알아내야 할 정보를 살펴보면 다음과 같다.

구분	당기	전기
매출		
매출원가		
매출총이익		
판매관리비 　직원 급여 　광고비 　임차료 　기타비용		
영업이익		
영업외수익		
영업외비용 　이자비용		
법인세비용차감전순이익		
법인세비용		
당기순이익		

· 기업의 잠재력을 확인할 수 있다.

손익계산서상 매출액의 크기는 그 기업의 잠재력을 알 수 있는 잣대가 된다. 매출액이 1억 원인 기업과 10조 원이 되는 기업의 잠재력의 크기는 다르게 받아들인다.

· 기업의 이익에 대한 질(수익성)을 알 수 있다.

비록 당기순이익은 적자이나 영업이익이 흑자인 경우 이익의 질이 좋다고 할 수 있다. 유형자산처분손실 등 영업외비용이 크게 발생한 것은 일시적인 현상에 해당하기 때문이다.

 – 매출총이익은 매출액과 매출원가만으로 산정하기 때문에 매출

원가의 중요성을 일러준다.

- 영업이익은 매출총이익에서 판매관리비를 차감한 것으로서 주 요영업 활동의 이익 수준을 가늠할 수 있는 정보를 제공한다.
- 법인세비용차감전순이익은 주요 영업 활동 외의 이익까지도 포 괄하는 개념이다. 당연히 이 이익보다는 영업이익이 더 많아야 탄탄한 기업이라고 할 수 있다.
- 당기순이익은 당기에 벌어들인 최종의 이익으로서 외부의 주 주들의 몫이라고 할 수 있다.

· 현금흐름을 알 수 있다.

손익계산서상의 이익은 미래의 현금흐름을 파악해볼 수 있는 잣 대가 된다. 예를 들어 어떤 기업의 당기순이익이 10억 원 정도가 된 다면 앞으로도 특별한 사정이 없는 한 이 정도의 이익을 기대할 수 있고 현금흐름도 양호할 거라는 것을 예상할 수 있다. 다만, 당기순 이익만을 가지고 현금흐름을 예측하는 것은 무리이므로 좀 더 정 확한 현금흐름을 파악하기 위해서는 현금흐름표를 분석해야 한다.

→ 손익계산서를 볼 때 전년보다 이익이 축소되지 않았는지, 자 산에 비해 이익이 줄어들지 않았는지 등 이익과 관련된 부분 을 심도 있게 분석할 필요가 있다. 만일 매출부진으로 인해 영 업이익이 줄어들었다면 판매관리비를 줄이거나 매출을 늘리 는 활동에 돌입해야 한다.

3. 사례 2

부산광역시에 위치한 (주)필승의 손익계산서가 다음과 같다고
하자.

구분	금액
매출	100억 원
매출원가	50억 원
매출총이익	50억 원
판매관리비	30억 원
영업이익	20억 원
영업외수익	–
영업외비용	10억 원
법인세비용차감전순이익	10억 원
법인세비용	?
당기순이익	?

Q[1]. 매출액영업이익률은 얼마인가?

이 이익률은 영업이익을 매출액으로 나누어 계산하므로 20%가
나온다. 이 비율은 높을수록 양호하며 이 비율을 증가시키기 위해
서는 매출액을 증가시키거나 매출원가 또는 판매관리비를 줄여야
한다. 영업이익은 매출총이익에서 판매관리비를 차감해 계산하기
때문이다.

Q². 세후 당기순이익은 얼마인가? 단, 법인세비용은 법인세비용 차감 전 순이익에 법인세율(9~24%)을 곱해 계산한다고 하자.

법인세율은 과세소득 2억 원까지는 9%, 2억~200억 원까지는 19%(200억 원 초과분은 21~24%)이므로 법인세비용은 다음과 같이 예상된다.

· 법인세비용=2억 원×9%+(10억 원-2억 원)×19%=1억 7천만 원
· 지방소득세(10%) 포함 시 총법인세비용=1억 8,700만 원

따라서 세후 당기순이익은 10억 원에서 세금 1억 8,700만 원을 차감한 8억 1,300만 원 정도가 예상된다.

Q³. 앞의 매출 중 50억 원은 외상매출금이고 모든 비용은 현금매출분이다. 이 기업의 현금흐름 양상은?

구분	금액	현금흐름
수익	100억 원	50억 원
비용	91억 8,700만 원	91억 8,700만 원
이익	8억 1,300만 원	△41억 8,700만 원

이 결과를 보면 손익계산서상의 이익과 현금흐름과는 다소 차이가 있음을 알 수 있다. 따라서 손익계산서를 보고 현금흐름을 예측하는 것은 신중해야 한다.[38]

---

38) 손익계산서상의 이익이 전액 현금으로 입금되었다고 생각하면 오산이다. 우리나라의 회계기준은 입출금만으로 이익을 따지는 것이 아니라, 회계적 사건이 발생한 것을 기준으로 회계처리를 하도록 하고 있기 때문이다(전자는 현금주의회계, 후자는 발생주의회계).

04
실전 기업의
손익계산서 읽기

본인이 일하고 있는 기업의 손익계산서를 읽어보자. 참고로 손익계산서는 전기와 당기를 비교하는 식으로 점검하는 것이 좋다. 물론 분석기간을 늘리면 금상첨화가 될 것이다. 이하에서는 편의상 다음 자료를 통해 다양한 각도에서 손익계산서를 살펴보자.

※ 저자 주

재무제표 중 손익계산서는 이익에 대한 정보를 제공하는 것이 가장 중요한 기능에 해당한다. 이익의 크기는 당장의 배당과 세금 등에 영향을 주지만 향후 사업의 전망에도 막대한 영향을 미치기 때문이다. 따라서 독자들은 이러한 점을 고려해 손익계산서를 다각도로 분석해보기 바란다.

1. 사례 1

구분	당기	선기	증감율
매출	100억 원	80억 원	25%
매출원가	50억 원	40억 원	25%
매출총이익	50억 원	40억 원	25%
판매관리비	30억 원	20억 원	50%
영업이익	20억 원	20억 원	–
영업외수익	–	–	
영업외비용	10억 원	10억 원	–
법인세비용차감전순이익	10억 원	10억 원	–
법인세비용	2억 원	2억 원	–
당기순이익	8억 원	8억 원	–

Q¹. 이 기업은 얼마를 팔아 얼마를 남겼을까?

우선 얼마를 팔았는지 보려면 매출액을 보면 될 것이다. 그리고 이익은 당기순이익을 보면 된다.

Q². 매출액은 계획대로 달성했는가?

연초에 세웠던 매출계획과 차이가 나는지 비교, 분석해보고 차이가 난 이유를 밝혀볼 필요가 있다.

Q³. 매출원가는 어떻게 계산하는가?

매출원가는 매출액에 직접 대응되는 원가를 말한다. 예를 들어

제조기업의 경우 공장에서 생산된 제품이 외부에 판매되면 이때 그 제품의 생산원가가 매출원가로 변하게 된다. 회계에서는 매출원가를 다음과 같이 계산한다.

· 매출원가=기초재고액+당기제품제조원가(상품구입액)-기말재고액

Q^4. 이 기업의 세금은 적정한가?

법인기업에 적용되는 법인세율은 9~24%(2022년 이전은 10~25%)인데 법인의 이익에 이 정도 세율이 적용되면 가처분소득이 줄어들 수밖에 없다. 따라서 사전에 세금을 줄일 수 있는 대책을 마련하는 것도 현금흐름 측면에서 바람직하다.

Q^5. 이 기업의 이익은 적정한가?

이익은 수익성을 평가하는 척도이자 배당의 원천 등이 된다. 따라서 이 이익이 적정하게 발생되었는지 등을 점검할 필요가 있다.

Q^6. 당기순이익은 최종 어디로 가는가?

당기순이익은 다음과 같은 절차에 의해 소멸한다.

· 당기순이익 확정 ➡ 일부 사외 유출 ➡ 사내 유보분은 재무상태표의 자본란의 잉여금으로 이동

앞의 자료를 바탕으로 궁금한 사항을 조금 더 정리해보자.

Q¹. 당기외 매출 중 5억 원 상당액을 밀어내기식으로 해서 장부에 계상했다. 어떤 문제가 있는가?

회계와 세법에서는 통상 1년간(1. 1~12. 31)에 발생한 수익과 비용을 가지고 이익을 계산한다. 따라서 다음 해의 매출을 올해의 매출로 잡는 행위는 회계와 세법기준을 위배한 것이다. 이렇게 매출이 잘못 계상되면 이익구조, 세금, 배당 등에서 오류가 발생한다.

Q². 전기에 비해 매출액이 25% 신장했음에도 불구하고 당기순이익은 변하지 않는 것으로 검토되었다. 그 이유는 무엇인가?

일단 판매관리비 증가율이 매출액의 증가율보다 훨씬 높게 나왔기 때문이다. 주요 판매관리비항목은 다음과 같다.

· 인건비
· 감가상각비
· 광고선전비
· 기타 판매촉진비 등

Q³. 매출원가가 상승한 이유는 무엇인가?

매출원가가 하락하는 경우보다 상승하는 경우에는 더욱 관심을 기울일 필요가 있다. 거래처의 납품단가 인상 등에 의해 매출원가율이 상승한다는 것은 그만큼 수익성이 악화된다는 것을 의미하기 때문이다. 따라서 경영자나 실무자들은 매출원가의 동향에 대해 수

시로 점검할 필요가 있다.

Q⁴. 매출액은 증가되었으나 영업이익이 변함이 없는 이유는 무엇인가?

매출액이 20억 원 증가되었지만 매출원가와 판매관리비가 각각 10억 원이 발생해 영업이익은 전년도에 비해 증가되지 않았다. 따라서 이들의 증가원인을 파악하고 개선책을 찾아야 할 것으로 보인다.

Q⁵. 당기 매출액영업이익률과 매출액증가율은 어떻게 되는가?

매출액영업이익률은 영업이익을 매출액으로 나눈 비율을 말한다. 영업이익 20억 원을 매출액 80억 원으로 나누면 25%가 된다. 한편 매출액은 전년도에 비해 25%가 증가되었다.

※ 저자 주

근래 초코파이로 유명한 오리온의 2021년 3분기 영업이익률이 18%가 넘는다는 소식이 있었다. 이 율은 국내 관련 업계의 최고 수준으로 이의 비결의 주요 요인은 '비용절감, R&D 투자, 제품 경쟁력 제고 등'의 선순환 구조를 만든 것이 주효한 것으로 알려지고 있다. 실제 이 기업은 포장재 개선과 원가절감, 품질 개선, 마케팅 방법 개선 등의 노력을 해서 매출과 이익을 증대시켰다. 이러한 내용으로 보건대 손익계산서상의 '매출'과 '영업이익(영업이익률)'은 한 기업의 모든 역량을 집대성한 결과물로 불러도 손색이 없을 것으로 보인다.

Tip 매출원가를 도출하는 과정

제조업이나 도·소매업, 건설업 같은 업종은 제품이나 상품을 제조하거나 구입해 판매를 하기에 매출원가를 구하는 과정이 따로 있다. 다음 사례를 통해 이를 구하는 과정을 알아보자.

| 사례 |

잘나가 기업의 상품거래와 관련된 자료가 다음과 같다. 다음 질문에 따라 답을 하면?

일자	거래	수량	단가	금액
2월 1일	매입	100개	1천 원	100,000원
2월 15일	매입	100개	2천 원	200,000원
2월 28일	매출	100개	3천 원	300,000원

① 선입선출법에 의하면 재고자산가액 및 매출총이익은 얼마인가?

선입선출법은 먼저 매입된 재고자산이 먼저 매출된다는 원가가정이다. 따라서 나중에 남은 것이 기말재고자산가액으로 계상된다. 사례의 경우 200,000원(2월 15일분)이 기말재고자산가액이 된다.

· 매출총이익 = 매출 − 매출원가 = 300,000원 − 100,000원 = 200,000원

② 후입선출법에 의하면 재고자산가액 및 매출총이익은 얼마인가?

후입선출법은 나중에 매입된 재고자산이 먼저 매출된다는 원가가정이다. 따라서 처음에 구입한 것이 기말재고자산가액으로 계상된다. 사례의 경우 100,000원(2월 1일분)이 기말재고자산가액이 된다.

· 매출총이익 = 매출 − 매출원가 = 300,000원 − 200,000원 = 100,000원

③ 총평균법에 의하면 재고자산가액 및 매출총이익은 얼마인가?

기초재고와 매입된 재고자산의 평균금액으로 매출된다는 원가가정이다. 따라서 평균단가에 기말재고수량을 곱하면 기말재고자산가액이 결정된다.

· 평균단가 = 300,000원/200개 = 1,500원
· 기말재고자산가액 = 100개 × 1,500원 = 150,000원
· 매출총이익 = 매출 − 매출원가 = 300,000원 − 150,000원 = 150,000원

05
현금흐름표에서
파악해야 하는 정보들

현금흐름표는 현금흐름에 관한 정보를 알 수 있는 재무제표를 말한다. 이 표는 앞에서 본 재무상태표와 손익계산서만으로는 현금흐름의 양상 등을 파악할 수가 없어 비교적 근래에 재무제표에 추가되었다. 사례를 통해 현금흐름표에서 알아야 할 핵심 정보를 찾아보자.

1. 사례 1

(주)현금의 재무상태표 중 자산이 다음과 같이 증가했다고 하자.

기초		기말		증감
현금성자산	1천만 원	현금성자산	1억 원	9천만 원
기타자산	1억 9천만 원	기타자산	2억 원	1천만 원
자산 계	2억 원	자산 계	3억 원	1억 원

Q¹. 현금성자산이 증가된 이유는 뭐라고 추정할 수 있을까?

일단 현금이 유입되는 경우는 매출이 발생하거나 기업보유자산을 매각하는 경우, 그리고 차입을 하거나 증자를 하는 경우 등 아주 다양하다.

Q². 만약 앞의 자산이 증가된 이유는 모두 매출에 근거한 것이라고 할 때 현금매출과 외상매출은 현금흐름에 어떤 영향을 미쳤다고 볼 수 있을까?

현금이 유입된 경로가 모두 매출에 의한 것이라면 우선 현금성자산 증가액 9천만 원은 현금매출에 근거한 것이고, 기타자산의 1천만 원은 외상매출에 근거한 것이라고 할 수 있다.

Q³. 영업에 의한 현금흐름의 유입이 많아지려면 어떻게 해야 하는가?

외상매출보다는 현금매출을 위주로 마케팅 정책을 펴야 한다. 외상으로 판매하는 경우에는 대금회수에 만전을 기해야 된다.

Q⁴. 영업 활동에 의한 현금흐름이 왜 중요할까?

영업 활동에 의한 현금흐름이 풍부한 경우에는 투자 활동과 재무 활동 등에 자금을 투입할 수 있다. 예를 들어 투자 활동에서는 유가증권이나 기타 유형자산 등을 취득할 수 있다. 유형자산을 취득하는 것은 곧 신규 투자를 의미한다. 물론 지금 당장 투자를 하지 않고 미래에 투자하기 위해 사내에 유보할 수도 있다. 한편 재무 활동에 의한 현금유출을 꾀할 수도 있다. 재무 활동에 의한 현금유출은 차입금 상환이나 배당금 지급 등이 대표적이다.

2. 현금흐름표 읽기

현금흐름표의 구조를 통해서 알아내야 할 정보를 살펴보면 다음
과 같다.

과목	제1(당)기
	금액
Ⅰ. 영업 활동으로 인한 현금흐름 1. 당기순이익 2. 현금의 유출이 없는 비용 등의 가산 3. 현금의 유입이 없는 수익 등의 차감 4. 영업 활동으로 인한 자산·부채의 변동 　매출채권의 감소(증가) **Ⅱ. 투자 활동으로 인한 현금흐름** 1. 투자 활동으로 인한 현금유입액 　건물의 처분 2. 투자 활동으로 인한 현금유출액 　유가증권의 취득 **Ⅲ. 재무 활동으로 인한 현금흐름** 1. 재무 활동으로 인한 현금유입액 　주식의 발행 2. 재무 활동으로 인한 현금유출액 　단기차입금의 상환	
Ⅳ. 현금의 증가(감소)(Ⅰ+Ⅱ+Ⅲ) **Ⅴ. 기초의 현금**	
Ⅵ. 기말의 현금	

현금흐름표에서는 다음과 같은 정보를 파악할 수 있다.

· 현금의 조달원천을 알 수 있다.

→ 현금이 영업 활동에 의해서 조달되었는지 투자 활동이나 재무
　활동에서 조달되었는지를 알 수 있다.

· **현금의 사용내역을 알 수 있다.**

→ 인건비로 얼마가 지출되었는지, 기계장치를 구입하는 데 얼마
가 들어갔는지 등을 알 수 있다.

· **현금의 증감액을 알 수 있다.**

→ 현금을 조달하고 사용한 후에 남은 잔액을 기초금액에서 차감
하면 당기의 현금증감액을 알 수 있다.

3. 사례 2

인천시에서 사업을 하는 K기업의 현금흐름 양상이 다음과 같다
고 하자.

| 자료 |

현금흐름 유형	금액	비고
영업 활동	10억 원	현금유입
투자 활동	10억 원	현금유입
재무 활동	△10억 원	현금유출

Q[1]. 이 기업은 지금 어떠한 상황에 봉착해 있는가?

일단 이 기업의 영업 활동으로 인한 현금흐름은 우수하다고 할
수 있다. 유입된 현금흐름이 10억 원에 해당하기 때문이다. 그렇다
면 투자 활동에 의한 유입된 현금흐름 10억 원은 어떤 것을 의미할

까? 이는 기업이 보유하고 있는 자산을 매각했음을 추정할 수 있다. 이렇게 자산을 매각해서 현금이 유입되면 플러스(+)의 현금흐름이 발생한다. 그런데 마이너스(-)의 현금흐름이 발생하면 자산 투자를 해서 현금이 유출되었다고 해석할 수 있다. 한편 재무 활동에 의해서는 현금유출이 발생하고 있으므로 이는 재무 활동의 하나인 부채를 상환한 것으로 해석할 수 있다. 이외에도 재무 활동의 하나인 배당금 지급으로 돈이 유출되고 있다고 할 수도 있다.

Q2. 영업 활동에 의한 현금흐름이 풍부하지 못한 경우의 징후는?

이러한 상황에서는 투자 활동이나 재무 활동이 위축될 수밖에 없어 기업의 성장동력이 떨어질 수밖에 없다.

Q3. 만일 앞과 같은 상황에서 기업이 신규 투자 등을 위해 자금이 필요한 경우 어떻게 해야 하는가?

이는 필시 부채나 유상증자로 자금을 조달할 수밖에 없을 것이다.

06
실전 기업의
현금흐름표 읽기

현금흐름표를 잘 읽으면 해당 기업의 재무상황을 좀 더 세부적으로 알 수 있다. 재무상태표와 손익계산서에서는 현금흐름에 대한 정보를 제공하지 않지만, 현금흐름표에서는 이에 대한 정보를 제공해주기 때문이다. 따라서 초보자나 실무자들은 이러한 점에 유의해 현금흐름표를 잘 분석할 수 있어야 한다.

1. 현금흐름표 읽기

다음 상황별로 현금흐름표를 읽어보자. 참고로 현금흐름표는 세 가지의 활동별로 현금유입과 유출을 보여주는데, 모든 활동에서 현금유입이 있다고 해서 반드시 좋다는 식으로 해석하는 것은 곤란하다. 기업이 미래 투자를 위해 현금을 유출하는 것은 향후 이 기업의 실적에 긍정적인 영향을 미치기 때문이다.

①의 경우

영업 활동	+++
투자 활동	--
재무 활동	--

영업 활동에 의해 현금유입이 되었고, 이를 통해 투자를 하고, 부채상환 또는 주주들에게 배당금을 지급한 것으로 추정할 수 있다. 이러한 모양새는 우량한 기업의 현금흐름 양상이라고 할 수 있다.

②의 경우

영업 활동	+++
투자 활동	---
재무 활동	++

영업 활동에 의해 현금유입, 재무 활동에 의해 현금이 유입되었다. 영업 활동에 의한 현금흐름이 발생했으므로 경영 활동이 상당히 원활하게 이루어지고 있다고 분석된다. 특히 재무 활동에 의한 현금유입은 차입금 차입 또는 유상증자 등으로 이루어졌다고 볼 수 있는데, 이러한 현금흐름은 주로 성장기에 있는 기업이 추가 투자를 할 때 발생한다. 즉 영업 활동과 재무 활동으로 조달된 현금을 투자 금액으로 지출하는 것으로 해석할 수 있다.

③의 경우

영업 활동	+++
투자 활동	--
재무 활동	--

영업 활동에 의한 현금흐름은 양호하나 추가 투자나 부채상환 등으로 현금유출이 발생하는 경우를 말한다. 이러한 현금흐름은 주로 영업력이 왕성해 이익이 많이 난 기업이 부채를 축소시키면서 추가 투자에 나서는 상황이라고 할 수 있다. 자금조달은 영업 활동만으로 이루어지기 때문에 상당히 우량기업이라고 할 수 있다.

④의 경우

영업 활동	---
투자 활동	-
재무 활동	+++

영업 활동에 의해 자금조달이 되지 않으니, 재무 활동에 의한 차입금을 통해 자금을 조달해 투자한 형태다. 이러한 기업은 신설기업이나 벤처기업 등에서 많이 볼 수 있는 현금흐름 양상이다. 만일 영업 활동에 의해 자금조달이 지속적으로 되지 않는 경우에는 과중한 부채조달로 기업경영에 애로가 발생할 수 있다.

⑤의 경우

영업 활동	- - -
투자 활동	+ + +
재무 활동	- - -

영업 활동에 의한 현금흐름이 좋지 않은 상태에서 부채상환이 이루어지고 있다. 이는 주로 기업이 보유한 자산을 매각해 자금이 조달되므로 이 기업은 거의 철수단계에 있다고 해도 과언이 아니다.

⑥의 경우

영업 활동	+ + +
투자 활동	+ + +
재무 활동	+ + +

모든 활동에 의해서 현금이 유입된 경우를 말한다. 이러한 상황은 보유한 자산을 매각하고 유상증자나 차입을 해서 자금을 크게 모으는 상황임을 추정할 수 있다. 대규모 투자에 소요되는 자금을 모으는 경우가 이에 해당할 수 있다.

⑦의 경우

영업 활동	- - -
투자 활동	- - -
재무 활동	- - -

모든 활동에 의해 현금유출이 발생한 경우를 말한다. 영업 활동에 의한 현금흐름이 불량한 상황에서 투자 활동이 일어났고, 부채 상환 등을 위해 자금유출이 일어난 상황에 해당한다. 이러한 상황은 종진에 쌓아놓은 유보금이 많은 경우에 일어날 수 있다. 반대로 도산위험에 처한 경우도 있을 수 있다.

Tip 기업 라이프 사이클과 현금흐름의 양상

기업의 태동단계부터 쇠퇴기까지의 현금흐름 양상을 조합하면 다음과 같다.

구분	영업 활동	투자 활동	재무 활동
신생기의 기업	- - -	- - -	+++
성장기의 기업	++	- -	++
성숙기의 기업	+++	-	- - -
쇠퇴기의 기업	+	++	- -

예를 들어 신생기의 경우 영업 활동에 의한 현금흐름은 유출이 상당히 많다(- - -표시). 이에 대한 자금은 주로 차입활동 등에 의해 조달(+++표시)된다. 성숙기의 경우에는 영업 활동에 의한 현금흐름이 최고조에 달하며, 부채상환에 주력한다.

07
이익잉여금처분계산서에서
파악해야 하는 정보들

 기업 규모가 크지 않는 중소기업은 이익잉여금과 배당에 대해 큰 관심을 가지지 않는다. 주식이 분산되지 않았을뿐더러 주주가 곧 경영진을 구성하고 있기 때문이다. 하지만 이러한 기업도 이익잉여금 관리를 잘못하면 나중에 과중한 세금을 부담하는 경우가 종종 있어 주의해야 한다. 이하에서는 이익잉여금처분계산서에 대해 알아보자.[39]

1. 사례 1

 어떤 기업의 이익잉여금처분계산서가 다음과 같다.

---

39) 중소기업회계기준에 따르면 이 계산서도 재무제표의 하나로 보고 있다.

과목	제 기
	금액
Ⅰ. 처분전이익잉여금 　1. 전기이월이익잉여금 　2. 회계변경의 누적효과 　3. 전기오류수정이익·손실 　4. 당기순이익	
Ⅱ. 임의적립금 등의 이입액 　1. 임의적립금	100,000,000
합계 **Ⅲ. 이익잉여금처분액** 　1. 이익준비금 　2. 기업합리화적립금 　3. 배당금 　　가. 현금배당 　　나. 주식배당	10,000,000
Ⅳ. 차기이월이익잉여금	

Q¹. 임의적립금 등의 이입액은 무엇을 의미하는가?

임의적립금은 기업이 임의로 쌓아놓은 적립금을 말한다. 따라서 이는 언제든지 배당재원으로 사용할 수 있다.

Q². 이익준비금은 얼마가 되어야 하는가?

이익준비금은 현금배당금의 10%인 100만 원을 자본금의 1/2에 달할 때까지 쌓아야 한다. 이익준비금은 자본금의 1/2까지만 쌓으면 되므로 이를 넘긴 준비금은 기업이 임의로 쌓은 적립금에 해당한다.

Q³. 이 기업의 자본금은 5억 원이고 잉여금은 5억 원이다. 기업이 발행한 주식은 10,000주다. 순자산가액을 기준으로 계산한 주식

가치는 얼마인가?

순자산은 자산에서 부채를 차감한 자본항목을 말한다. 따라서 자본은 크게 자본금과 잉여금의 합으로 구성되므로 10억 원이 순자산가액이고, 이를 주식 수로 나누면 1주당 가치는 10만 원이 된다.

Q⁴. 앞의 기업의 주주는 A와 B로 구성되어 있다. A에게만 배당이 되는 경우 세법상 문제는 없는가?

종전에는 주주 간의 차등배당을 인정했지만, 최근 세법을 개정해 소득세와 증여세를 동시에 부과하도록 했다. 따라서 앞으로는 지분율에 맞게 배당하는 것이 좋을 것으로 보인다.

2. 이익잉여금이 많은 기업의 장단점 비교

먼저, 장점은 이렇다.
· 성장 가능성이 높다.
· 대외적으로 신뢰가 높다.

다음으로, 단점은 이렇다.
· 배당을 많이 해야 한다.
· 주식 가치 증가로 가업 승계 때 불리하다.
· 저가로 주식 거래 시 세무간섭을 받는다.

기업은 시시각각 변하는 경영환경 속에서 생존경쟁을 벌여 나가야 한다. 만일 기업에 심각한 재무적인 문제가 발생했음에도 불구하고 이에 대한 치유가 되지 않으면 기업의 생존력이 약화된다. 그래서 경영자들을 포함한 모든 임직원들은 회계와 재무제표에 관심을 둬야 한다. 일본의 대표적인 기업인 JAL도 재무제표 지식을 활용해 성공했다. 이외 세계적인 기업들도 모두 마찬가지다. 이하에서 직장인들이 재무제표를 공부해야 하는 이유에 대해 알아보자.

1. 사례 1

K기업의 재무상태표가 다음과 같다.

자산	부채

유동자산 30억 원
  당좌자산 10억 원
  재고자산 20억 원
 	
비유동자산 40억 원
  유형자산 20억 원
  기타자산 20억 원
	유동부채 40억 원
	비유동부채 10억 원

	자본 20억 원
자산 계 70억 원	**총자본 계 70억 원**

Q¹. 이 기업은 자본구조의 안정성에서 어떤 문제점이 있는가?

일단 자기자본보다 부채가 더 많아 자본구조가 불량하다. 또한 부채상환능력도 떨어지는 등 전반적으로 자본구조가 좋지 못하다고 판단된다.

Q². 10억 원 상당의 설비 투자를 위해 차입해야 할 형편이다. 이때 만기 1년짜리인 단기부채를 통해 차입해야 하는데 어떤 문제가 있는가?

이렇게 자본구조가 불량하면 은행 등으로부터 자금을 조달하기가 쉽지 않다. 따라서 물음처럼 단기부채에 의존해 투자해야 할 상황이라면 재무구조가 더 불안하게 진행될 수 있다. 단기부채는 바로 갚아야 할 채무인데 이 단기부채가 더 늘어나기 때문이다.

Q³. 이 기업의 경영자는 어떤 식으로 경영해야 안정성이 높아질까?

우선 자산 중 채권을 회수해 유동성 능력을 키우고, 유동부채를 장기부채인 비유동부채로 돌리도록 한다.

2. 재무제표로 기업의 문제점을 치유하는 방법

좋은 기업은 자본구조가 안정성이 높고, 수익성이 좋으며, 현금흐름이 원활하게 돌아가는 모습을 하고 있다. 그런데 이와 반대인 경우에는 하루하루가 힘들 수 있는데, 이럴 때 가장 좋은 치료법은 매출을 늘리는 것이다. 왜 그런지 알아보자.

우선 어떤 기업의 재무제표가 다음과 같은 모습을 하고 있다고 하자.

재무상태표

자산	부채	
	자본	△1억 원

손익계산서

수익	
비용	
손익	△1억 원

현금흐름표

영업 활동	△1억 원
투자 활동	
재무 활동	

이러한 상황에서 매출액 5억 원이 추가로 발생하고, 그에 따라 이익이 2억 원 발생했다고 하자. 물론 이 매출액은 전액 현금으로 받았다. 이렇게 매출액이 증가하면 앞의 재무제표는 다음과 같이 변한다(단, 세금 등은 무시).

재무상태표

자산	부채	
	자본	1억 원

손익계산서

수익	
비용	
손익	1억 원

현금흐름표

영업 활동	1억 원
투자 활동	
재무 활동	

이처럼 매출 증가는 모든 재무제표의 모양새를 좋게 하는 힘을 가지고 있다.

3. 사례 2

K기업은 매출액이 꾸준히 증가하고 있으나 자금 사정이 좋지 못하다. 이 기업의 경영자 김철수 씨는 담당 실무자에게 이에 대한 대책을 마련하도록 지시했다. 다음의 재무상태표를 참조하자.

자산 　유동자산 30억 원 　　당좌자산 10억 원 　　재고자산 20억 원 　비유동자산 40억 원 　　유형자산 20억 원 　　기타자산 20억 원	부채 　유동부채 40억 원 　비유동부채 10억 원 자본 20억 원
자산 계 70억 원	**총자본 계 70억 원**

좀 막연한 물음 같지만, 다음과 같은 절차에 따라 답을 찾아보자.

STEP 1 자금이 부족한 이유 분석

먼저 자금이 왜 부족한지를 정확히 분석할 필요가 있다. 일시적인 현상인지 설비 투자에 의한 것인지, 아니면 거래처의 부도에 의한 것인지 등을 분석한다.

STEP 2 각 항목의 점검

이제 구체적으로 각 자산 항목을 점검해야 한다. 예를 들어 유동자산의 경우 현금성자산과 외상매출금 등을 중점적으로 살펴본다.

STEP 3 대안의 마련

매출채권을 회수하거나 불필요한 부동산을 양도한다. 좀 더 구체적인 내용은 189페이지에서 살펴보자.

Tip 유동성 위험이 발생하는 이유

· 매출이 급격히 감소한다.
· 투자 금액이 많이 소요된다.
· 채권회수가 더디다.
· 채무에 대한 회수조치가 대량으로 발생한다.
· 소송이나 세무조사 등에 의해 자금유출이 일어난다.
· 기업 내부에서 횡령 등이 발생한다.

회사의 입장에서는 거래처를 정할 때 그 회사의 재무제표를 점검하는 경우가 많다. 납품을 하고서도 대금을 회수하지 못하면 해당 회사가 힘들어질 가능성이 높기 때문이다. 다음은 하나의 예에 불과하므로 이 점을 참고해주기 바란다.

거래처에 대한 재무제표를 파악할 때 주의할 점을 정리하면 다음과 같다.

· 자산(유동성)상태가 좋은가?

봐야 할 재무제표	체크 포인트
〈재무상태표상의 자산〉 자산 / 부채 / 자본	· 현금보유액이 많은가? 　→ 이는 장부상으로만 현금이 존재할 가능성이 높다. · 자산 중 대여금 규모가 큰가? 　→ 이는 가공자산일 가능성이 높다. · 자산 중 매출채권이 전기에 비해 증가했는가? 　→ 이는 매출을 허위로 계상했을 가능성이 높다.

· 단기부채는 얼마나 많은가?

봐야 할 재무제표	체크 포인트
〈재무상태표상의 부채〉 자산 / 부채 / 자본	· 유동부채의 단기차입금 규모는 얼마인가? 　→ 단기차입금이 많으면 유동성이 나빠진다. · 비유동부채 중 단기차입금이 숨어 있지 않은가? 　→ 유동성이 나쁘지 않음을 보여주기 위해 숨기는 경우가 있다. · 가수금이 있는가? 　→ 가수금이 있다는 것은 금융권으로부터 정상적인 자금을 조달할 수 없다는 것을 의미한다. 신용등급이 낮은 경우가 이에 해당한다.

· 자본구조는 안정성이 있는가?

봐야 할 재무제표	체크 포인트
〈재무상태표상의 부채와 자본〉 자산 / 부채 / 자본	· 부채와 자본의 크기를 비교해본다. → 자본이 더 많은 회사가 안정성이 높다. · 부채가 자본의 2배 이상이 되면 이 회사와 거래하면 채권 회수가 힘들어질 수 있다.

· 지급능력은 충분한가?

봐야 할 재무제표	체크 포인트
〈재무상태표상의 자산과 부채〉 자산 / 부채 / 자본	· 유동자산과 유동부채를 비교해본다. → 유동자산이 유동부채의 2배 이상이 되면 지급능력이 양호하므로 거래를 안전하게 할 수 있다. · 유동자산 중 재고자산이 많은 경우에는 이를 제외한 당좌 자산과 유동부채를 비교해본다. → 이 경우에는 당좌자산이 유동부채보다 1배 이상이 되면 지급능력이 양호한 것으로 판단할 수 있다.

· 잉여현금을 보유하고 있는가?

봐야 할 재무제표	체크 포인트
〈현금흐름표〉 영업 활동 / 투자 활동 / 재무 활동	· 영업 활동에 의한 현금흐름이 플러스가 나고 있는지를 봐야 한다. · 잉여현금흐름을 살펴본다. 이는 영업 활동에 의한 현금흐름에서 투자 활동의 설비투자액으로 유출된 금액을 차감해 계산한다.

· 소송 중에 있는가, 우발손실이 예상되는가, 지급보증을 서고 있는가?

봐야 할 재무제표	체크 포인트
주석	· 상황에 따라 이러한 내용은 회사의 경영에 치명타를 가할 수 있다. 따라서 재무제표의 하나인 주석을 반드시 살펴보아야 한다. · '주석'은 재무제표 본문의 어떤 항목에 대한 뜻을 풀어 쓴 해설을 말한다.

제 **5** 장

회계통찰력을 키워주는
재무제표 통합 분석

01
경영상태가 우량한 기업의
재무제표 모습

기업의 표정은 회장이나 경영자의 얼굴 표정을 통해서도 알 수 있지만, 그보다는 각 기업이 발표하는 재무제표를 통해서 더 잘 알 수 있다. 기업이 건강한지, 병에 걸렸는지는 이를 통해 확인할 수 있다는 것이다. 하지만 이는 회계고수들에게 통하는 것이지 회계 초보자들한테는 여전히 와닿지 않는다. 그렇다면 이쯤에서 재무제표에 대한 이해를 멈춰야 할까? 아니다. 일단 각 기업이 제시한 재무제표(재무상태표, 손익계산서, 현금흐름표)를 가지고 우량기업, 불량기업, 분식기업 등을 가려보자.*

먼저 우량기업의 재무제표는 어떤 모습을 하고 있는지부터 살펴보자.

* 독자들은 자신이 몸담고 있는 회사의 재무제표나 전자공시시스템(DART)에서 임의의 회사의 재무제표를 출력해 직접 분석할 수도 있을 것이다.

1. 사례 1

서울 성동구 성수동에서 제조업을 영위하고 있는 K기업의 재무제표가 다음과 같은 양상을 하고 있다.

재무상태표		
자산	부채	
	자본	부채 < 자본

손익계산서	
수익	
비용	
손익	+

현금흐름표	
영업 활동	+
투자 활동	
재무 활동	

Q[1]. 재무상태표는 어떠한 상황을 말하는가?

자본*이 부채보다 더 많은 상황이므로 자본구조가 안정적이라고 할 수 있다.

* 여기서 자본은 협의의 주주에게 귀속되는 자기자본을 말한다. 광의의 자본은 자기자본과 부채를 합한 총자본을 말한다. 이 책에서의 '자본'은 주로 자기자본을 말하며, 총자본은 자기자본과 부채를 합한 것을 의미한다.

Q[2]. 손익계산서는 어떠한 상황을 말하는가?

수익에서 비용을 차감한 손익이 플러스(+)가 나고 있으므로 흑자를 실현하고 있다고 판단할 수 있다. 따라서 적자가 아니므로 일단 손익계산서 측면에서는 긍정적인 신호로 해석할 수 있다.

Q[3]. 현금흐름표는 어떠한 상황을 말하는가?

영업 활동에 의한 현금흐름이 플러스(+)가 되므로 매출에 의한 현금회수가 좋다는 것을 알 수 있다. 영업 활동에 의한 현금흐름이 좋으면 유동성이 풍부해 기업경영이 원활해진다.

Q⁴. 전체적으로 이 기업은 현재 어떠한 모습을 하고 있는가?

재무구조 및 수익성 그리고 현금흐름 측면에서 매우 안정적인 기업이라고 결론 내릴 수 있다.

- · 재무상태표는 현재 시점에서의 재무상태를 보여준다.
  - → 사례의 경우 재무상태가 양호한 것으로 보인다.
- · 손익계산서는 일정 기간의 경영성과를 보여준다.
  - → 사례의 경우 흑자를 실현하고 있다.
- · 현금흐름표는 일정 기간의 현금흐름을 보여준다.
  - → 제일 중요한 영업 활동으로 인해 잉여현금흐름이 발생해 긍정적인 신호로 보인다.

2. 경영상태가 우량한 기업의 재무제표 모습

경영상태가 좋은 우량기업의 재무제표는 어떤 모습을 하고 있는지 좀 더 세부적으로 살펴보면 다음과 같다.

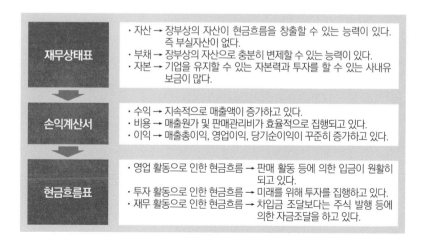

3. 사례 2

앞의 K기업의 올해 초 자산은 20억 원, 부채 5억 원, 자기자본 15억 원(자본금 5억 원)으로 구성되었다. 사업연도 중에 총 10억 원의 매출을 올리고 여기에서 각종 비용 및 세금을 제외한 결과 3억 원의 잉여금이 발생했다. 이 잉여금이 전액 사내에 유보되었다고 할 경우 재무상태표는 어떤 식으로 변동할까? 단, 부채와 자본금은 변동이 없다.

앞의 경영활동의 결과를 재무제표에 반영하면 다음과 같다.

〈기초〉		〈기말〉	
자산 자산 20억 원	부채 부채 5억 원	자산 자산 23억 원	부채 부채 5억 원
	자본 자본금 5억 원 잉여금 10억 원		자본 자본금 5억 원 잉여금 13억 원
자산 계 20억 원	부채와 자본 계 20억 원	자산 계 23억 원	부채와 자본 계 23억 원

이 기업의 기초자산은 20억 원이었으나 기말자산은 23억 원으로 3억 원이 증가했다. 이러한 자산증가의 원인은 바로 이익창출에 따른 것이다. 이처럼 이익이 증가하면 자산이 증가하고 증가된 자산은 다음 기에 더 큰 이익창출을 할 수 있도록 해준다.

→ 참고로 앞의 재무상태표는 사업연도 중의 경영활동의 결과가 집약된다는 차원에서 매우 중요한 표라고 할 수 있다. 이와 관련해 몇 가지 사실을 정리하면 다음과 같다.

· 재무상태표에서 왼쪽의 자산 계와 오른쪽의 '부채와 자본의 합계액'이 일치한다(대차평균의 원리).
· 재무상태표의 오른쪽은 자금조달방법을, 그리고 왼쪽은 오른쪽의 자금이 투자된 결과를 말한다.
· 자본은 크게 자본금(주주들이 투자한 돈)과 잉여금(경영활동으로 벌어들인 돈)으로 구성된다.
· 기말에 잉여금이 발생하면 자본이 증가하는 한편, 자산이 증가하는 것이 일반적이다(물론 부채가 감소할 수도 있다).

Tip 경영상태가 좋은 기업의 재무제표 요약

이런 기업은 재무상태표상 자본이 당초보다 늘어나 있다. 이때 늘어난 자본항목은 주로 이익잉여금(당기순이익 중 사내에 유보된 금액)이 된다. 늘어난 자본은 현금으로 보유되거나 다른 자산에 투자된다. 또 부채는 종전보다 축소되거나 적어도 그 기업이 감당할 수 있는 범위 내에서 적정한 부채비율을 유지하고 있다. 한편 손익계산서상의 손익은 이익으로 표시(+)되며, 현금흐름 측면에서 보면 영업 활동으로 인한 현금흐름이 플러스(+)가 된다.

경영상태가 불량한 기업의 재무제표 모습

경영상태가 불량한 기업은 재무상태표상의 부채가 자본을 초과, 또는 자본이 잠식되며, 손익계산서상에서는 적자가 지속되는 상황이 일반적이다. 이렇게 적자가 지속되면 영업 활동에 의한 현금흐름이 불량해지고 차입활동에 의해 자금을 조달하게 된다. 사례를 통해 이에 대해 알아보자.

1. 사례 1

○○시 ○○구에서 제조업을 영위하고 있는 L기업의 재무제표가 다음과 같은 양상을 하고 있다.

재무상태표		
자산	부채	부채 > 자본
	자본	

손익계산서	
수익	
비용	
손익	△

현금흐름표	
영업 활동	△
투자 활동	
재무 활동	

Q¹. 재무상태표는 어떠한 상황을 말하는가?

자기자본이 줄어들었거나 오히려 마이너스(-)가 되는 등 부채가 자기자본보다 많은 상황이므로 자본구조가 매우 불량하다고 할 수 있다.

Q². 손익계산서는 어떠한 상황을 말하는가?

수익에서 비용을 차감한 손익이 마이너스(-)가 나고 있으므로 적자를 보이고 있다고 할 수 있다. 일단 적자가 발생했다는 것은 경영활동이 좋지 않다는 것을 의미하므로 부정적인 신호로 해석할 수 있다.

Q³. 현금흐름표는 어떠한 상황을 말하는가?

영업 활동에 의한 현금흐름이 마이너스(-)가 되므로 영업 활동에 의한 현금회수가 불량하다는 것을 의미한다. 손익계산서를 보면 적자를 실현하고 있으므로 영업 활동에 의한 현금흐름이 불량함을 알 수 있다.

Q⁴. 전체적으로 이 기업은 현재 어떠한 모습을 하고 있는가?

재무구조 및 수익성 그리고 자금흐름 측면에서 매우 불량한 기업이라고 결론 내릴 수 있다.

2. 경영상태가 불량한 기업의 재무제표 모습

경영상태가 불량한 기업의 재무제표는 어떤 모습을 하고 있는지 좀 더 세부적으로 살펴보면 다음과 같다.

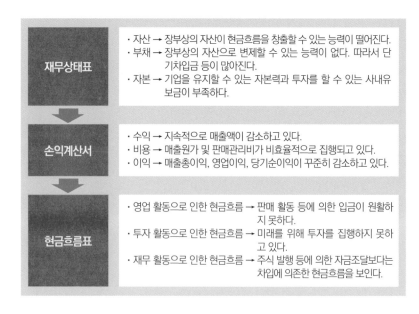

- 재무상태표
  - 자산 → 장부상의 자산이 현금흐름을 창출할 수 있는 능력이 떨어진다.
  - 부채 → 장부상의 자산으로 변제할 수 있는 능력이 없다. 따라서 단기차입금 등이 많아진다.
  - 자본 → 기업을 유지할 수 있는 자본력과 투자를 할 수 있는 사내유보금이 부족하다.

- 손익계산서
  - 수익 → 지속적으로 매출액이 감소하고 있다.
  - 비용 → 매출원가 및 판매관리비가 비효율적으로 집행되고 있다.
  - 이익 → 매출총이익, 영업이익, 당기순이익이 꾸준히 감소하고 있다.

- 현금흐름표
  - 영업 활동으로 인한 현금흐름 → 판매 활동 등에 의한 입금이 원활하지 못하다.
  - 투자 활동으로 인한 현금흐름 → 미래를 위해 투자를 집행하지 못하고 있다.
  - 재무 활동으로 인한 현금흐름 → 주식 발행 등에 의한 자금조달보다는 차입에 의존한 현금흐름을 보인다.

→ 경영상태가 불량한 기업의 경영자들은 재무제표를 통해 발견된 문제점에 대해서는 즉각적으로 개선책을 내어 실행해야 한다. 예를 들어 보유한 자산이 있다면 이를 처분하거나 불리한 계약이 있다면 이를 바로잡는 등의 조치를 취해야 한다. 시간만 질질 끈다고 해서 특별한 해법이 존재하지 않는다.

3. 사례 2

경기도 안산시에 소재하고 있는 Y기업의 올해 재무상태표가 다음과 같이 변동되었다. 사업연도 중 어떠한 일들이 벌어졌을지 예측해보자.

〈기초〉		〈기말〉	
자산 유동자산　15억 원 　당좌자산　2억 원 　재고자산 13억 원 비유동자산 10억 원 　투자자산　5억 원 　유형자산　5억 원	**부채** 　유동부채　　5억 원 　비유동부채 10억 원 **자본** 　자본금　　　5억 원 　잉여금　　　5억 원	**자산** 유동자산　15억 원 　당좌자산　2억 원 　재고자산 13억 원 비유동자산 10억 원 　투자자산　5억 원 　유형자산　5억 원	**부채** 　유동부채　10억 원 　비유동부채 10억 원 **자본** 　자본금　　　5억 원 　잉여금　　　0억 원
자산 계 25억 원	**부채와 자본 계 25억 원**	**자산 계 25억 원**	**부채와 자본 계 25억 원**

앞으로 재무제표를 잘 분석하기 위해서는 이를 볼 수 있는 능력들이 있어야 한다. 순차적으로 접근해보자.

첫째, 자산과 부채 및 자본의 변화를 본다.

앞의 내용을 분석하면 자산의 내용은 동일하나 부채와 자본에서 변동이 있었다.

종전	변경	비고
부채 유동부채　　5억 원 비유동부채 10억 원	**부채** 유동부채　10억 원 비유동부채 10억 원	**5억 원 증가**
자본 자본금　　5억 원 잉여금　　5억 원	**자본** 자본금　　5억 원 잉여금　　0억 원	**5억 원 감소**

둘째, 달라진 부분에 대한 그 이유를 추정해본다.

유동부채가 5억 원이 증가된 이유는 매출이 감소해 차입이 늘어났거나 차입을 통해 비용이나 투자 자금으로 지출되었기 때문이다. 디만, 투자 금액이 지출된 경우 자산이 증가해야 하나 사례의 경우 자산의 변동이 없으므로 차입금이 늘어난 이유는 주로 매출감소와 비용이 증가되었기 때문이라고 추정할 수 있다. 그리고 자본란의 잉여금을 보면 5억 원이 감소했는데, 이는 당기순손실이 발생했기 때문이라는 것을 알 수 있다.

Tip 경영상태가 불량한 기업의 재무제표 요약

이러한 기업은 재무상태표상 자본이 잠식(△)되거나 당초보다 축소되고, 부채비율이 상당히 높다. 또한 손익계산서상의 손익은 마이너스(△)로 표시되어 있는 경우가 많다. 한편 현금흐름 측면에서 보면 영업 활동으로 인한 현금흐름이 마이너스(△)가 되어 있을 가능성이 높다.

03
부실징후가 있는 기업의 재무제표 모습

겉으로는 우량하게 보이던 기업도 어느 날 갑자기 쇠락의 길로 들어서는 경우가 있다. 일반적으로 자산과 부채 그리고 손익이 양호한 것으로 파악되더라도, 현금흐름이 불량한 경우가 이런 유형에 속한다. 이런 기업의 재무제표는 어떠한 특징을 하고 있는지 살펴보자.

1. 사례 1

수원시에서 건설업을 영위하고 있는 U기업의 재무제표가 다음과 같은 양상을 하고 있다. 이 기업의 재무상태표와 손익계산서 그리고 현금흐름표는 어떤 모습을 하고 있는지 물음에 대한 답을 찾아보자. 참고로 부실위험이 있는 기업들은 대부분 현금흐름이 불량한 경우가 많다. 이러한 점에 착안해 부실위험이 있는지도 점검해보자.

재무상태표		
자산	부채	
	자본	자본 > 부채

손익계산서	
수익	
비용	
손익	+

현금흐름표	
영업 활동	△
투자 활동	
재무 활동	

Q1. 재무상태표는 어떠한 상황을 말하는가?

자본이 부채보다 많은 상황이므로 자본구조가 안정적이라고 할 수 있다. 이는 앞의 우량기업의 재무상태표와 같은 양상을 보이고 있다.

Q2. 손익계산서는 어떠한 상황을 말하는가?

수익에서 비용을 차감한 손익이 플러스(+)가 나고 있으므로 흑자를 실현하고 있다고 판단할 수 있다. 따라서 적자가 아니므로 일단 손익계산서 측면에서는 긍정적인 신호로 해석할 수 있다.

Q3. 현금흐름표는 어떠한 상황을 말하는가?

흑자를 실현했음에도 불구하고 영업 활동에 의한 현금흐름이 마이너스(-)라는 것은 이 기업이 주로 외상공사를 했다는 것을 말한다. 따라서 공사미수금을 제대로 회수할 수 없다면 유동성 위험이 증가하게 된다.

Q4. 전체적으로 이 기업은 현재 어떠한 모습을 하고 있는가?

재무구조 및 수익성 측면에서 긍정적이나 자금흐름 측면에서는 부정적이다.

Q⁵. 흑자도산이란 어떤 경우를 말하는가?

외관상 흑자로 보이지만 현금흐름이 극도로 불량해 어음 등을 결제할 수 없어 기업이 문을 닫아야 하는 상태가 되는 경우를 말한다.

2. 부실징후가 있는 기업의 재무제표 모습

겉은 좋아 보이나 내부적으로 곪고 있는 기업의 재무제표는 어떤 모습을 하고 있는지 좀 더 세부적으로 살펴보면 다음과 같다.[40)

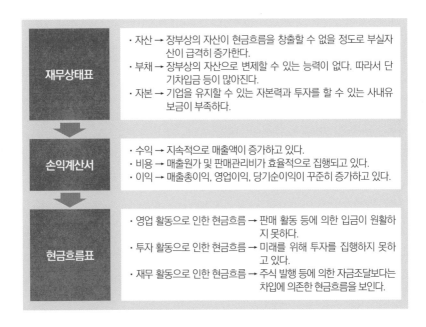

재무상태표	· 자산 → 장부상의 자산이 현금흐름을 창출할 수 없을 정도로 부실자산이 급격히 증가한다. · 부채 → 장부상의 자산으로 변제할 수 있는 능력이 없다. 따라서 단기차입금 등이 많아진다. · 자본 → 기업을 유지할 수 있는 자본력과 투자를 할 수 있는 사내유보금이 부족하다.
손익계산서	· 수익 → 지속적으로 매출액이 증가하고 있다. · 비용 → 매출원가 및 판매관리비가 효율적으로 집행되고 있다. · 이익 → 매출총이익, 영업이익, 당기순이익이 꾸준히 증가하고 있다.
현금흐름표	· 영업 활동으로 인한 현금흐름 → 판매 활동 등에 의한 입금이 원활하지 못하다. · 투자 활동으로 인한 현금흐름 → 미래를 위해 투자를 집행하지 못하고 있다. · 재무 활동으로 인한 현금흐름 → 주식 발행 등에 의한 자금조달보다는 차입에 의존한 현금흐름을 보인다.

---

40) 흑자도산의 원인은 무엇보다도 자금흐름이 불량하기 때문이다. 따라서 매출채권의 조기회수 등의 조치를 취하는 것이 중요할 것으로 보인다.

→ 외관상 재무상태표의 내용이 좋다고 하더라도 부실자산들이 많으면 그 기업은 껍데기에 불과하다는 점에 주의해야 한다.

3. 사례 2

앞의 U기업은 자산규모 100억 원으로 올해 초 사업을 시작해서 세후 당기순이익 100억 원을 실현했다. 이 중 50억 원을 배당금 등으로 사외유출하고 나머지 50억 원을 사내에 유보를 시켰다. 그런데 이 잉여금에 대해서는 채권상당액을 보유하고 있는데 불행하게도 이 채권을 회수할 수 없게 되었다. 이 경우 재무상태표에 미치는 영향은?

① 채권회수가 가능한 경우

재무상태표는 다음과 같이 변동한다. 즉 기초 100억 원짜리 기업이 150억 원짜리 기업으로 변했다. 50억 원만큼 기업이 성장했다고 볼 수 있다.

〈기초〉		
자산 자산 100억 원	부채 부채 50억 원	
	자본 자본금 20억 원 잉여금 30억 원	
자산 계 100억 원	**부채와 자본 계 100억 원**	

⇒

〈기말〉		
자산 자산 150억 원 채권 50억 원 기타 100억 원	부채 부채 50억 원	
	자본 자본금 20억 원 잉여금 80억 원	
자산 계 150억 원	**부채와 자본 계 150억 원**	

② 채권회수가 불가능한 경우

채권회수가 불가능해지면 자산에 있는 채권을 제거하여 손실처리를 하게 된다. 따라서 재무상태표상에서 자산과 잉여금이 동시에 줄어들게 된다. 그 결과 150억 원짜리 기업이 100억 원짜리 기업으로 변하게 된다. 부실기업의 전형적인 모습이다.

〈변경 전〉		〈변경 후〉	
자산 　자산　150억 원 　채권　　50억 원 　기타　100억 원	부채 　부채　　50억 원 자본 　자본금　20억 원 　잉여금　80억 원	자산 　자산　100억 원 　~~채권　50억 원~~ 　기타　100억 원	부채 　부채　　50억 원 자본 　자본금　20억 원 　잉여금　30억 원
자산 계 150억 원	**부채와 자본 계 150억 원**	**자산 계 100억 원**	**부채와 자본 계 100억 원**

Q^1. 채권손실이 손익계산서에 미치는 영향은 무엇인가?

· 채권손실은 영업외비용으로 처리되므로 당기순이익을 줄이게 된다.

· 당기순이익이 줄어들게 되면 과세소득이 줄어들 수 있다(단, 세법은 자의적인 채권손실계상을 방지하고 있으므로 세법상 손실처리 조건을 검토해야 한다).

· 손실은 잉여금을 줄이게 되므로 기업가치를 감소시키게 된다(그 결과 주식 가치의 하락을 수반한다).

Q^2. 채권손실이 현금흐름표에 미치는 영향은 무엇인가?

· 채권이 부실화되면 자금흐름에 막대한 지장을 초래한다.

· 단기차입금이나 급전(사채) 등에 의존한 경영활동을 하게 된다.

Tip 부실기업 판정법

부실기업은 외부로부터의 정상적인 자금지원 또는 별도의 차입 없이 일상적인 영업 활동 등으로 인한 현금흐름만으로는 차입금 상환이 어려울 것으로 평가되는 기업이다. 일반적으로 부채비율이 200% 이상이고 이자보상비율이 1보다 낮은 기업들이 부실징후기업으로 지목될 가능성이 높다.

※ 현금흐름으로 보는 부실기업의 징후

부실기업이 되면 대출이 억제되고 투자가 진행되지 않는 등 유동성 위험에 직면하게 된다. 이하에서는 현금흐름 측면에서 본 부실기업 징후에 대해 알아보자.

첫째, 영업 활동에서 나오는 현금흐름이 몇 년 계속 적자다.

기업의 순이익은 흑자여도 영업 활동에서 나오는 현금흐름이 적자인 경우가 있다. 예를 들어 기업이 100원의 매출을 하고 비용이 80원인 경우 손익계산서에 나오는 이익은 20원이 된다. 그런데 이 매출 100원이 모두 현금으로 들어오는 경우는 거의 없다. 만약 이 매출을 60원은 현금으로 팔고, 40원은 외상으로 팔았고, 비용도 70원은 현금을 주었고, 10원은 외상으로 사 왔다면 1년 동안 장사를 해서 실제로 기업에 남아 있는 현금은 현금매출 60원에 현금비용 70원이 되어 오히려 현금 10원이 모자라게 된다.

이처럼 손익계산서에 나오는 순이익만 보고 있으면 실제로 기업의 현금이 어떻게 움직이는지 모르고 넘어가기 쉽다. 따라서 영업 활동에서 나오는 현금이 예를 들어 3년 정도 계속 적자인 경우, 그리고 그 금액이 매출액에 비해서 클 경우는 조심해야 한다.

둘째, 잉여현금흐름이 몇 년 계속 적자다.

현금흐름표에서 보아야 할 것이 한 가지 더 있다. 잉여현금흐름(=free cash flow)이다. 영업 활동에서 나온 현금에서 투자 금액을 빼고 남은 현금을 잉여현금흐름이라고 한다. 그런데 잉여현금흐름이 계속해서 적자인 기업이 있다. 잉여현금흐름이 적자란 이야기는 그 금액만큼을 외부에서 증자나 차입으로 마련해야 한다는 뜻이다. 차입을 하면 당연히 차입금이 늘어나서 결국은 차입금 잔액이 매출액을 따라잡으려고 한다. 증자도 많이 하면 발행 주식 수가 늘어나서 1주당 순이익이 줄어들게 된다. 이러한 관점에서 영업에서 나오는 현금흐름이 흑자일지라도 잉여 현금흐름이 계속해서 적자인 기업은 조심해야 한다. 여러 지표 중에서 잉여현금 흐름 적자가 기업의 어려움을 가장 먼저 알려주기 때문이다.

→ 잉여현금흐름=영업 활동 현금흐름−설비투자액

셋째, 현금회전일수가 올라간다.
외상매출금, 재고자산, 그리고 외상매입금을 각각 하루분의 매출액으로 나눈 후 외상매출금 일수와 재고자산 일수는 서로 더하고 여기에 외상매입금 일수를 빼서 계산한 지표를 '현금회전일수(=cash conversion cycle=ccc)'라고 부른다. 제조업체의 경우 이것이 100일을 넘어서면 곤란하다. 이 일수가 비록 100일을 넘지 않더라도 계속 올라가면 위험하다고 판단한다(대우증권 자료).

→ 현금회전일수=
   (외상매출액/1일 매출액)+(재고자산/1일 매출액)−(외상매입액/1일 매출액)

04
분식회계한 기업의
재무제표 모습

재무제표는 그 기업의 얼굴에 해당하므로 남들이 봤을 때 좋은 모습을 하고 있어야 한다. 그런데 문제는 이를 억지로 좋게 보이도록 재무제표를 만드는 경우가 있다는 것이다(이를 '분식회계'라고 한다). 이러한 기업의 재무제표를 잘 알아보는 것도 중요한데 이하에서 살펴보자.

1. 사례 1

서울에 본사를 두고 있는 (주)분식은 이번에 대출을 실행하기 위해 다음과 같은 상황을 재무제표에 반영했다. 이 기업의 재무상태표, 손익계산서, 현금흐름표는 어떤 모습을 하고 있는지 물음에 대한 답을 찾아보자. 참고로 남을 속이는 분식회계는 제3자가 적발하는 것은 결코 쉽지 않지만, 어떤 원리로 분식회계가 행해지는지 정도는 알고 넘어가는 것이 좋을 것으로 보인다.

① 다음 연도 매출을 올해의 매출로 인식했다.
② 경영자가 인출한 돈을 주주임원종업원대여금으로 계정변경했다.
③ 변액보험 평가손실분을 장부에 반영하지 않았다.
④ 단기부채를 장기부채로 돌렸다.

Q¹. 분식회계의 유형에는 어떤 것들이 있을까?

이에는 다음과 같은 유형들이 있을 수 있다.

· 가지급금을 대여금으로 계정이체한다.

· 기말재고자산을 과대계상한다.

· 감가상각비를 계상하지 않는다.

· 부실자산을 그대로 방치한다.

· 비용성격인 연구개발비를 자산으로 처리한다.

· 부채를 장부에서 누락시킨다.

· 가공매출을 넣는다.

· 비용처리를 생략한다.

Q². 앞의 ①이 재무제표에 미치는 영향은?

다음 연도의 매출을 올해의 매출로 계상하면 다음과 같은 효과가 발생한다.

· 손익계산서 : 매출과대계상 ➡ 이익과대계상 ➡ 세금과대납부
· 재무상태표 : 매출과대계상 ➡ 자산과대계상 ➡ 기업가치 제고
· 현금흐름표 : 세금과대납부로 영업 활동으로 인한 현금흐름이 불량

→ 이러한 매출조기인식은 당해 연도의 재무제표를 좋게 만드는
경향이 있어 분식의 한 유형에 해당한다.

Q³. 앞의 ②가 재무제표에 미치는 영향은?

재무제표에는 별다른 영향을 미치지 못한다. 회계상의 거래로 인
정될 수밖에 없기 때문이다. 다만, 이렇게 회계에서 제동이 걸리지
않으므로 세법에서는 이에 대해 다양한 불이익(세법상 이자를 계산
해 이를 법인의 소득에 가산하는 한편, 경영자의 상여로 소득 처분함)을
주게 된다.

→ 앞에서 가지급금 항목을 대여금항목으로 변경한 이유는 가지
급금이 발생한 사실을 감추기 위해서다. 따라서 이러한 행위
도 분식회계의 한 유형에 해당한다고 볼 수 있다.

Q⁴. 앞의 ③이 재무제표에 미치는 영향은?

자산은 시장의 영향 등으로 인해 가격이 변동하는 경우가 왕왕 있
다. 특히 투자 상품의 경우가 그렇다. 그렇다면 사례처럼 투자 상품
인 변액보험의 가격이 하락한 경우에는 조치를 어떻게 취해야 할까?
일단 자산가치가 하락했으므로 이에 대한 손실분을 재무상태표
(자산감소)에 반영하는 것이 원칙이다. 다만, 이때 평가손실을 손익
계산서에 반영할 수 있는지가 중요한데, 일반적으로 회계기준에서
는 유가증권(상장주식 등)에서 발생한 것 정도만 이에 올리고 변액
보험 같은 매도가능증권⁴¹⁾은 재무상태표상의 자본항목(기타포괄
적손익누계액)에 계상하도록 하고 있다. 다만, 세법은 이러한 평가
손익을 허용하지 않고 있어 보통 회계감사를 받지 않는 기업들은

이를 장부에 반영하지 않고 있다.

구분	재무상태표		손익계산서	
① 유가증권 평가손실	유가증권⬇	부채 자본	수익 비용 이익	 계상
② 매도가능증권 평가손실	유가증권⬇	부채 자본 ⬇*	수익 비용 이익	

* 기타포괄적손익누계액으로 반영한 후 향후 해당 증권을 처분 시 처분손익에 가감함.

→ 자산가치가 감소하는 경우 이를 측정해 재무제표에 반영하는 것이 이해관계자들에게 보다 더 나은 정보를 제공한다. 따라서 평가손실을 장부에 반영하지 않는 것도 분식회계의 한 유형에 해당한다고 볼 수 있다.

Q⁵. 앞의 ④가 재무제표에 미치는 영향은?

단기부채를 장기부채로 돌리는 것은 부채의 크기에 영향을 주지 않지만, 단기부채에 대한 각종 지표에 영향을 줄 수 있다. 예를 들어 유동비율은 유동자산(1년 내에 현금화될 수 있는 자산)을 유동부채(1년 내에 지급해야 할 부채)로 나눠 계산하는데, 유동자산이 100이고 유동부채가 200이라면 이 기업은 지불 능력이 열악하다고 판

---

41) 매도 가능성이 있는 것이지 매도한 것이 아니므로 이런 식으로 계정분류를 하고 있다. 그리고 이와 관련된 자산의 평가손익은 실현되는 것이 아니므로 자본조정의 항목으로 놔두고 실현될 때 이를 정리한다. 이러한 부분이 회계에 대한 이해를 어렵게 한다.

단할 수 있다. 이런 상황에서 유동부채 중 100을 장기부채(비유동부채)로 돌려놓으면 유동비율을 좋게 보일 수 있다.

→ 결국 이러한 회계처리 방식도 분식의 한 유형에 해당한다고 볼 수 있다.

Q6. 분식회계는 회계기준이나 세법을 위배하는 것임에도 불구하고 왜 이러한 행위가 발생할까?

이에는 다양한 요인들이 복합적으로 얽혀 있다.

- · 대출을 잘 받기 위해
- · 입찰을 따내기 위해
- · 주가조작을 위해
- · 비자금 조성을 위해
- · 횡령을 감추기 위해
- · 경영자가 자신의 몸값을 올리기 위해
- · 합병 등을 유리하게 전개하기 위해

2. 분식회계를 한 기업의 재무제표 모습

남들에게 잘 보이기 위해 재무제표를 가공하는 것을 분식회계라고 한다. 어떠한 방법들이 있는지 좀 더 자세히 살펴보면 다음과 같다.

① 기말재고자산액 확대계상

제조업 등의 손익계산에 필요한 매출원가는 기초재고와 당기매입액의 합계액에서 기말재고액을 차감해 계산된다. 그런데 매출원가를 적게 계상하려면 어떻게 해야 할까? 가장 손쉬운 방법은 기말재고액을 늘리는 것이다. 이렇게 되면 매출원가가 축소되므로 이익이 많아 보인다.

② 가공 매출계상

기업이 다음과 같이 허위 매출을 장부에 계상하면 자산이 증가하고 동시에 수익이 증가하는 것으로 보인다. 기업들이 계열기업이나 이해관계가 일치된 기업 간에 내부거래를 하는 것도 이러한 것과 관계가 있다.

(차변) 매출채권 ××× (대변) 매출 ×××

③ 불량채권 대손충당금 미계상

매출채권은 외상대금으로서 오래될수록 불량채권으로 변할 가능성이 높다. 따라서 회계기준에서는 부실채권에 대해 충당금*을 쌓도록 하고 있다. 그렇게 되면 자산가치가 하락하고 이익이 축소되는 현상이 발생한다. 하지만 분식회계를 한 입장에서는 자산과 이익을 양호하게 보이기 위해 충당금을 덜 쌓는 방법을 선호하게 된다.[42]

* 충당금 : 장래에 예상되는 지출 또는 손실에 대해서 현실적으로 손실이 발생하지 않은 시점에서 미리 이를 추정해 장부상에 일정액을 기간비용으로 계상(計上)하는 계정과목을 말한다.

---

42) 우리나라의 대표적인 분식회계 사건이 발생한 대우 그룹에서도 장기미회수 채권 등에 대한 대손충당금 미계상의 사례가 적발되기도 했다.

④ 유형자산 감가상각비 미계상 등

보유한 유형자산에 대해 감가상각비를 적게 계상하거나, 수익적 지출[*1]에 해당하는 것을 자본적 지출[*2]로 처리하는 것도 이러한 유형에 해당한다. 또 불량자산이나 현존하지 않는 자산을 장부에 그대로 두는 경우도 있다.

[*1] 수익적 지출 : 고정자산을 취득한 후 그 자산과 관련해 발생한 지출로서 당해 고정자산의 원상을 회복하거나 능률 유지를 위한 지출을 말한다. 당기비용으로 처리한다.
[*2] 자본적 지출 : 고정자산을 취득한 후 그 자산과 관련해 발생한 지출로서 당해 고정자산의 내용연수를 증가시키거나 가치를 증가시키는 지출을 말한다. 자산으로 처리한다.

⑤ 비용을 무형자산으로 계상

비용 성격인 연구비 지출을 무형자산인 개발비로 처리하는 등 자산과 이익을 좋게 보이려는 시도들이 있다.

⑥ 부채 누락

부채 측면에서는 부채의 고의 누락이 있다. 예를 들어 차입금을 누락하면 빚이 없는 것으로 보여 재무구조가 견실한 것처럼 보일 수 있다. 그렇게 되면 추가차입에서 유리할 수 있다.

3. 사례 2

K기업은 신용평가를 준비하는 과정에서 재무점수가 낮은 것을 고민하고 있다. 자료가 다음과 같을 때 매출을 허위로 계상하면 어떤 효과가 발생할까? 다음의 재무비율에 대한 자세한 내용은 부록

을 참조해도 좋다.

| 자료 |

구분	비율분석	비율	평가기준	결과
안정성	부채비율 유동비율	160.0% 50.0%	100% 이하 200% 이상	불량 불량
수익성	매출총이익률 영업이익률	10.0% -10.0%	20% 이상 10% 이상	불량 불량
활동성	총자본회전율 재고자산회전율	0.77회 5회	– 8회	(불량) 불량

앞과 같은 상황에서는 다음과 같이 가공매출을 장부에 반영하면 앞의 비율이 모두 개선될 수 있다. 왜 그럴까?

(차변) 매출채권 ×××   (대변) 매출 ×××

그 이유를 표로 정리하면 다음과 같다.

구분	비율분석	이유
안정성	부채비율 ↓ 유동비율 ↑	∵ 이익증가로 자본(잉여금)이 증가 ∵ 매출채권이라는 유동자산이 증가
수익성	매출총이익률 ↑ 영업이익률 ↑	∵ 매출증가로 매출총이익이 증가 ∵ 매출증가로 영업이익이 증가
활동성	총자본회전율 ↑ 재고자산회전율 ↑	∵ 이익증가로 총자본이 증가 ∵ 매출액이 증가

→ 이러한 이유로 가공매출이 분식회계에 가장 많이 등장하고 있다.

Q. 재무비율 분석만으로 가공매출이 장부에 계상되었음을 알 수 있을까?

애석하게도 이런 종류의 재무비율 분석만으로는 가공매출액이 들어 있는지를 알 도리가 없다. 따라서 각 기업이 작성한 재무제표가 왜곡되게 작성된 경우에는 앞과 같은 주요 재무비율 분석에서 심각한 오류를 낳을 수 있는 점을 이해할 필요가 있다. 따라서 재무비율 분석의 유용성을 배가시키기 위해서는 이러한 점을 보완할 수 있는 다양한 분석기법(예 : 현금흐름분석 등)을 동원할 필요가 있다.

Tip 분식회계를 한 기업의 재무제표 요약

전문가든, 아니든 분식회계를 찾아내는 것은 쉽지가 않다. 모두 회계기준에 맞춰 회계처리를 하는 등 치밀하게 준비를 하기 때문이다. 그렇다면 분식회계는 어떻게 발견할 수 있을까?

· 감사보고서에서 감사인의 의견, 주석, 주식 공시내용, 신문기사 등을 통해 숫자에 없는 정보를 확인한다.

· 매출액은 크게 증가되었는데 영업 활동으로 현금흐름이 좋지 않으면 이는 매출을 조작한 것으로 볼 수도 있다.

· 재고자산이 급격히 늘어난 것도 문제가 있다. 재고자산이 늘어나면 매출원가가 축소되고 이익이 늘어날 수도 있기 때문이다.

· 무형자산이 급격히 증가하는 것도 문제가 있다. 당기비용으로 처리해야 할 연구개발비를 자산으로 처리하는 경우도 많기 때문이다.

05
회계부정을 저지른 기업의 재무제표 모습

기업이 분식회계의 수준을 뛰어넘어 회계부정을 하는 경우가 있다. 이러한 행위들은 범죄에 해당해 형법 등에 따라 처벌을 받기도 한다. 그렇다면 회계부정을 저지른 기업의 재무제표는 어떤 모습을 하고 있을까?

1. 사례 1

경기도 성남시에서 건설업을 영위하고 있는 H기업의 재무제표가 다음과 같은 양상을 하고 있다. 이 기업의 재무상태표, 손익계산서, 현금흐름표는 어떤 모습을 하고 있는지 물음에 대한 답을 찾아보자. 참고로 비자금으로 로비 등을 하는 기업들의 수법이 점점 대담해지고 있다. 독자들은 기업이 어떤 식으로 자금을 빼내는지, 그리고 어떤 불이익이 있는지 등을 점검해보기 바란다.

재무상태표		
자산	부채	
	자본	자본 > 부채

손익계산서	
수익	
비용	
손익	+

현금흐름표	
영업 활동	△
투자 활동	△
재무 활동	△

Q^1. 재무상태표는 어떠한 상황을 말하는가?

자본이 부채보다 많은 상황이므로 자본구조가 안정적이라고 할 수 있다. 이는 앞의 우량기업의 재무상태표와 같은 양상을 보이고 있다.

Q^2. 손익계산서는 어떠한 상황을 말하는가?

수익에서 비용을 차감한 손익이 플러스(+)가 나고 있으므로 흑자를 실현하고 있다고 판단할 수 있다. 따라서 적자가 아니므로 일단 손익계산서 측면에서는 긍정적인 신호로 해석할 수 있다.

Q^3. 현금흐름표는 어떠한 상황을 말하는가?

회계부정을 저지른 기업에서는 수단과 방법을 가리지 않고 현금 인출을 시도하게 되므로 앞의 3개의 활동 모두에서 현금유출이 발생할 수 있다.

Q^4. 전체적으로 이 기업은 현재 어떠한 모습을 하고 있는가?

재무구조 및 수익성 측면에서 긍정적이나 자금흐름 측면에서 부정적이다.

2. 회계부정을 저지른 기업의 재무제표 모습

회계부정을 저지른 기업의 재무제표는 어떤 모습을 하고 있는지 좀 더 세부적으로 살펴보면 다음과 같다.

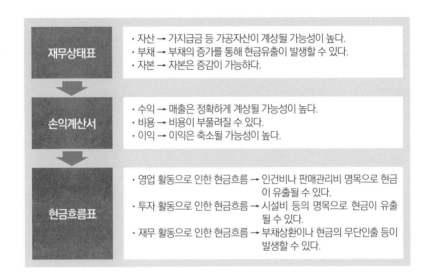

3. 사례 2

K기업은 이번에 50억 원의 당기순이익을 실현했다. 이 기업의 재무상태표가 다음과 같다고 할 때 어떤 문제점이 있는가?

〈기초〉			〈기말〉	

자산
주임종채권 20억 원
기타   80억 원
	부채
	  부채 50억 원
	자본
	  자본금 20억 원
	  잉여금 30억 원
		→	자산
			주임종채권 50억 원
			기타 100억 원
				부채
				  부채 50억 원
				자본
				  자본금 20억 원
				  잉여금 80억 원

자산 계 100억 원	**부채와 자본 계 100억 원**		**자산 계 150억 원**	**부채와 자본 계 150억 원**

앞의 재무상태표를 보면 우선 기초에 비해 50억 원만큼 자산과 자본이 증가했다. 그런데 자산항목 중 주임종채권이 기초보다 30억 원이 증가해 기말엔 50억 원에 이르고 있다. 이 계정과목은 주주나 임원 그리고 종업원들에게 일시적으로 대여한 금액을 말하는데, 일반적으로 경영자가 무단인출한 금액을 숨기는 데 활용이 되곤 한다.[43] 이러한 대여금(세법은 이를 가지급금으로 분류한다)에 대해서는 연간 4.6%를 곱한 이자상당액을 법인의 이익으로 보고 법인세를 부과하는 한편, 경영자의 상여로 처분해 근로소득세를 부과하는 식으로 불이익을 주고 있다.

Tip 회계부정을 저지른 기업의 재무제표 요약

이러한 기업의 재무제표는 겉으로 봐서는 어떤 문제가 있는지를 잘 모른다. 회계부정이 은밀하게 일어나기 때문이다. 다만, 회계부정에 의해 현금유출이 된 만큼 재무상태표의 대여금 항목을 집중적으로 살펴보는 것과 동시에 현금흐름표상 현금유출 부분을 집중적으로 살펴보면 이에 대한 단서를 잡을 수 있지 않을까 싶다. 이러한 회계부정이 발생하면 해당 기업은 휘청거릴 수밖에 없다. 이러한 일을 겪지 않으려면 평소 일일 자금통제를 통해 입출금 내역과 채권 및 채무관리를 철저히 할 필요가 있어 보인다.

---

43) 비자금 등이 나가는 통로로 봐도 된다.

기업은 뭐니 뭐니 해도 평소에 현금 동원능력이 좋아야 한다. 그래야 유동성 위험에 직면하지 않고 신규 프로젝트 등을 제대로 수행할 수 있다. 이하에서 이러한 내용에 대해 살펴보자.

1. 사례 1

K기업의 재무상태표가 다음과 같다.

자산	부채와 자본
당좌자산 10억 원 재고자산 10억 원	단기차입금 10억 원
	장기차입금 10억 원
투자유가증권 10억 원 유형자산 10억 원	자본 20억 원
계 40억 원	계 40억 원

Q¹. 당좌자산 10억 원은 당장 현금화할 수 있는 자산인가?

당좌자산은 현금과 현금성자산으로 구성되어 있다. 따라서 사례의 경우 당장 모두 사용 가능하다고 볼 수 있다. 다만, 장부상의 금액과 실제상의 금액이 차이가 나는 경우가 있으므로 이를 확인해야 한다.

Q². 투자유가증권과 유형자산은 당장 현금화할 수 있는 자산인가?

비유동자산은 현금화 속도가 늦은 자산을 말한다. 따라서 이를 바로 현금화하기는 쉽지 않다. 다만, 시장에 헐값에 파는 경우에는 예외적으로 당장 현금화가 가능할 것이다.

Q³. 현재 보유한 자산으로 단기차입금을 갚을 수 있는가?

부채 중 단기차입금은 10억 원인데 보유한 당좌자산도 10억 원에 해당한다. 따라서 이론적으로 전부 상환이 가능하나 다른 지출요인이 발생하면 추가차입이 필요한 상황이다.

2. 현금흐름을 촉진하는 방법들

기업경영을 하던 중에 자금 부족 현상이 발생하면 빨리 자산항목부터 점검해야 한다.

① 현금성자산

유동자산 중 현금과 현금성자산을 먼저 점검해야 한다. 이 자산들은 즉시 현금화가 가능하기 때문이다. 특히 단기대여금이 있는 경우에는 빨리 회수조치를 취하도록 한다.

→ 이러한 요소 외 대표이사(대주주)가 합법을 가장해 무단으로 현금을 인출한 경우가 있을 수 있다. 이외 횡령 등이 있을 수 있으므로 이러한 점도 간과해서는 안 될 것이다.[44]

② 외상매출금

자금이 외상매출금에 묶여 있는 기간이 오래되면 자금 부족 현상이 심화될 수 있다. 따라서 과도한 외상매출금을 보유한 경우 이를 회수할 수 있는 방안을 집중적으로 연구해야 한다. 더 나아가 향후 제품 판매 시 대금 회수 부분에 대해 지침을 만들어 시행하는 것이 좋다.

③ 재고자산

재고자산의 경우 재고가 너무 오래되지 않았는지 적정 재고를 보유하고 있는지 등을 점검한다.

④ 비유동자산

이외에도 현금화가 쉽지 않은 비유동자산도 점검해 불필요한 자산이

---

44) 대여금을 형태로 자금을 인출하고 합법으로 주장하면 이를 인정할 수밖에 없는 것도 회계의 한계다.

있는지 등을 점검한다. 비유동자산 중 경영활동에 불필요한 것들은 우선적으로 처분해야 한다. 예를 들어 부동산이 대표적이다.

④ 부채 점검

유동부채 중 일부는 비유동부채로 전환하는 것도 고려할 필요가 있다. 경영자 등으로부터 차입을 하는 것도 대책의 하나가 될 수 있다.

⑤ 자본 점검

주주 등으로부터 증자를 받을 수도 있다.

3. 사례 2

K기업의 재무상태표가 다음과 같다고 하자.

| 자산
　유동자산　　10억 원
　비유동자산　10억 원 | 부채
　유동부채　　10억 원
　비유동부채　5억 원 |
| | 자본　　　　　5억 원 |

Q^1. 이 기업의 자본구조의 안정성은? 단, 부채비율로 평가한다.

실무에서는 부채비율로도 자본구조상 부채의존도를 가늠해볼 수 있다. 이 비율은 총부채를 자기자본으로 나눠서 계산하는데, 100% 이하가 나와야 양호하다고 판정을 내릴 수 있다.

* **부채비율**

$$= \frac{\text{총부채(=유동부채+비유동부채)}}{\text{자기자본}} \times 100\% = \frac{15억\ 원}{5억\ 원} \times 100\% = 300\%$$

Q². 이 기업의 유동비율, 비유동비율을 계산하고 이에 대해 평가를 하면?

앞의 자료에 맞춰 비율을 계산하면 다음과 같다.

구분	내용	비율	평가
유동 비율	유동비율은 기업의 단기채무자금 능력의 상태를 평가하는 척도다. 이 비율은 유동자산을 유동부채로 나눈 비율로, 200% 이상 되어야 바람직한 것으로 평가한다. · 유동비율 = $\dfrac{유동자산}{유동부채} \times 100\%$	100% (10억 원/10억 원)	불량
비유동 비율	투자는 자기자본 범위 내에서 하는 것이 안전한데, 이를 측정하는 지표가 바로 아래와 같은 비유동비율이다. 통상 이 비율은 100% 이하가 되어야 양호하다고 평가한다. · 비유동비율 = $\dfrac{비유동자산}{자기자본} \times 100\%$	200% (10억 원/5억 원)	불량

Q³. 이 기업은 유동성 위험이 있는가?

앞의 내용을 보면 부채가 상당히 많기 때문에 당연히 유동성 위험이 있다고 할 수 있다. 이는 유동비율이나 비유동비율 등으로 봐도 이러한 내용을 알 수 있다.

Q⁴. 유동성 위험을 줄일 수 있는 방법은?

유동성 위험을 줄이는 방법들에는 많은 것들이 있다. 현금매출을 늘리거나 매출채권을 조기에 회수하는 것, 자본을 확충해 부채를 줄이는 것 등이 이에 해당한다. 이 중 어떤 것이 좋은지는 각 기업의 상황에 따라 달라진다.

제 **6** 장

회계정보와
마케팅 전략

01
회사업무와
회계와의 관계

　현대처럼 복잡한 경제 체제하에서 경제생활을 하는 사람이라면 누구나 회계를 알아두는 것이 좋을 것이다. 개인의 투자부터 창업에 이르기까지 다양한 정보를 분석하고 의사결정을 잘 해내기 위해서다. 특히 직장인들은 몸소 경영현장에서 일하고 있으므로 더 더욱 그렇다. 이들이 회계를 알아야 하는 이유를 좀 더 구체적으로 알아보면 다음과 같다.

· **영업부** : 거래처 신용평가 및 마케팅을 효율적으로 진행하기 위해
· **총무부** : 기업보유 자산을 효율적으로 관리하고 행사 관련 여러 가지 비용을 관리하기 위해
· **생산부** : 제조원가를 최대한 낮추기 위해
· **인사부** : 인적관리를 통한 생산성 향상을 위해
· **경영관리부** : 기업의 목표달성을 위해
· **회계부** : 회계처리 및 재무제표 생산을 위해

영업부의 사례를 통해 회계지식의 필요성을 알아보자.

1. 사례

㈜공영은 서비스업 영위 기업으로 영업부에 대한 회계교육을 진행하고 있다. 교육책임자는 영업부의 활동이 재무제표에 어떤 영향을 주는지를 설명하고 있다. 그는 어떤 식으로 이에 관해 설명했을까?

영업 부문이 재무제표에 어떤 영향을 주는지 손익계산서와 재무상태표, 현금흐름표를 중심으로 정리해보자.

손익계산서			재무상태표					현금흐름표	
수익	매출		자산	현금 매출채권 재고자산	부채	(차입금)		영업 활동	영업 부문
비용	판매 촉진비				자본	(잉여금)		투자 활동	
손익	-							재무 활동	

* 표 안의 ( )는 영업 부문이 간접적으로 영향을 미치고 있는 것을 의미한다.

첫째, 영업 부문이 손익계산서에 영향을 주는 곳은 바로 매출액과 판매관리비 중 판매촉진비(광고선전비, 접대비, 운반비, 기타 판매부대비용 등 포함)다. 그런데 이러한 항목들은 당기순이익에 곧바로 영향을 준다. 따라서 당기순이익을 증가시키려고 한다면 매출액을 증가시키는 한편 판매촉진비를 줄이면 될 것이다.

둘째, 영업 부문이 재무상태표에 주는 영향은 다른 부문보다 훨씬 더 파괴력이 크다. 그만큼 영업 부문이 가지고 있는 위상이 크다는 것을 말해준다. 예를 들어 재고자산이 증가하는 이유는 대부분 영업 부문에서 기인한다. 그래서 판매가 원활하게 진행되면 재고가 쌓이지 않겠지만, 그렇지 않으면 골머리를 썩일 수밖에 없다. 기업에 재고가 쌓인다는 것은 사람에 비유하면 혈액이 잘 돌지 않는 것과 같다. 혈액이 돌지 않으면 병이 생기듯이 기업도 자금흐름이 불량하면 병에 걸리게 된다. 일반적으로 재고자산 때문에 생산 활동이 둔화되면 현금흐름은 불량해질 수밖에 없으며, 그렇게 되면 기업의 운전자금 고갈로 부채차입이 필연적으로 뒤따를 수밖에 없다. 그리고 이런 상황에서 부채차입이 원활하지 않으면 기업은 도산할 가능성이 높아진다.

셋째, 영업 부문은 영업 활동으로 인한 현금흐름에 가장 많은 영향을 준다.

일반적으로 기업이 원활하게 운영되려면 영업 활동으로 인한 현금흐름이 활발해야 한다. 그렇지 못한 경우에는 차입금에 의존하는 경영이 될 가능성이 높아진다. 그리고 이렇게 되면 투자 활동도 위축되어 기업의 성장에도 한계가 있다. 결국 영업 활동으로 인한 현금흐름을 증가시키기 위해서는 현금매출을 증가시키고 불필요한 지출을 줄이는 것이다. 그리고 매출채권이 조기에 회수되도록 노력하는 것도 필요하다.

2. 기업이 지향해야 하는 재무제표의 모습

　각 기업들은 평소에 재무제표를 다음과 같이 관리할 필요가 있다. 물론 상황이 바뀌면 그에 따라 적절한 대응방법을 찾아야 한다. 이러한 과정에는 모든 임직원들이 함께 참여하는 것이 좋을 것으로 보인다.[45)]

1) 재무상태표

자산	부채와 자본
유동자산 50%	부채 50%↓
비유동자산 50%	자본 50%↑

· 자산은 유동자산과 비유동자산 비율을 50% : 50%의 비율을 기준으로 관리하도록 한다.
· 부채는 총자본 중 50% 이하로 한다.
· 자본은 총자본 중 50% 이상으로 한다.

2) 손익계산서
· 매출원가비율은 50% 이하가 되도록 한다.
· 영업이익률은 최소 10% 이상이 되도록 한다.
· 당기순이익률은 최소 5% 이상이 되도록 한다.

---

45) 재무비율 분석에 대한 자세한 내용은 부록 등을 참조하기 바란다.

구분	비율
매출	100%
매출원가	50%↓
매출총이익	
판매관리비	
영업이익	10%↑
영업외수익	
영업외비용	
법인세비용차감전순이익	
당기순이익	5%↑

3) 현금흐름표

영업 활동	+
투자 활동	−
재무 활동	−

· 영업 활동에 의해서는 현금이 순유입되어야 한다.

· 투자 활동에 의한 현금흐름은 유출되어야 한다(∵ 투자로 유출)

· 재무 활동에 의한 현금흐름은 유출되어야 한다(∵ 채무상환으로 유출).

→ 좋은 기업이 되기 위해서는 재무상태도 좋아야 하고, 손익 및 현금흐름도 좋아야 한다. 물론 좋은 기업을 만드는 주체는 해당 기업의 임직원들이다.

02
영업 활동과
재무제표의 관계

영업(마케팅)부문에서 근무하고 있는 실무자들이 알아야 할 재무제표에 대해 좀 더 자세히 정리를 해보자. 기업경영에서 영업 부문이 차지하는 비중은 매우 높다.

1. 사례 1

K기업의 올해 재무자료가 다음과 같다고 하자.

〈자료〉
· 매출 100억 원(전기 80억 원)
· 이익 5억 원(전기 5억 원)
· 상시근로자 수 20명(전기 25명)

영업 부문에 있어 가장 중요한 것은 뭐라고 해도 매출의 크기다. 매출이 어느 정도 달성되면 다른 것들은 내부관리를 통해 대부분 해결할 수 있기 때문이다. 이러한 관점에서 물음에 대한 답을 찾아보자.

Q¹. 매출액은 얼마나 성장하였는가?

전기에 비해 매출액이 20억 원 증가되었다. 이 증가액을 전년도 매출액으로 나눠 보면 증가율은 25%가 나온다.

Q². 1인당 매출액은 얼마나 성장했는가?

올해의 매출액을 상시근로자 수로 나누어 보면 1인당 5억 원의 매출액이 나온다. 한편 전기의 경우 80억 원을 25명으로 나누면 1인당 3억 2천만 원이 나온다. 따라서 1인당 매출액이 전년보다 1억 8천만 원 증가되었으며 증가율은 56%가 된다.

Q³. 매출액이 증가되었음에도 불구하고 이익이 제자리걸음인 이유는?

앞의 물음을 통해 보건대 전기에 비해 매출액과 1인당 매출액이 크게 증가했음에도 불구하고 이익은 변동이 없다. 이러한 이유 중 하나는 비용지출이 전년보다 상대적으로 많았기 때문이라고 추정할 수 있다. 좀 더 구체적인 분석을 위해서는 손익계산서 등의 재무제표가 필요하다.

2. 영업 활동과 회계상의 쟁점

영업 활동과 관련된 회계상의 쟁점을 알아보면 다음과 같다.

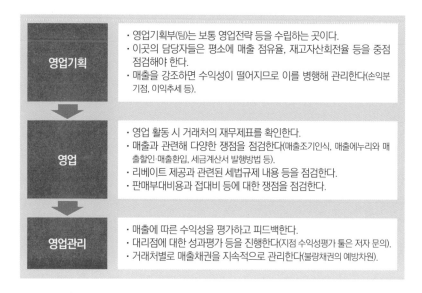

영업기획	· 영업기획부(팀)는 보통 영업전략 등을 수립하는 곳이다. · 이곳의 담당자들은 평소에 매출 점유율, 재고자산회전율 등을 중점 점검해야 한다. · 매출을 강조하면 수익성이 떨어지므로 이를 병행해 관리한다(손익분기점, 이익추세 등).
영업	· 영업 활동 시 거래처의 재무제표를 확인한다. · 매출과 관련해 다양한 쟁점을 점검한다(매출조기인식, 매출에누리와 매출할인·매출환입, 세금계산서 발행방법 등). · 리베이트 제공과 관련된 세법규제 내용 등을 점검한다. · 판매부대비용과 접대비 등에 대한 쟁점을 점검한다.
영업관리	· 매출에 따른 수익성을 평가하고 피드백한다. · 대리점에 대한 성과평가 등을 진행한다(지점 수익성평가 툴은 저자 문의). · 거래처별로 매출채권을 지속적으로 관리한다(불량채권의 예방차원).

3. 사례 2

건설기업인 K기업은 최근 한 업체가 제시한 공사입찰에 참여했다. 그런데 공사를 발주할 기업의 재무상태표가 다음과 같았다.

자산		부채	
유동자산	150억 원	유동부채	50억 원
보통예금	10억 원	비유동부채	100억 원
미수금	50억 원		
대여금	10억 원		
금융채권	10억 원	자본	
재고자산	70억 원	자본금	80억 원
비유동자산	100억 원	잉여금	20억 원
투자자산	50억 원		
유형자산	50억 원		
자산 계 250억 원		**부채와 자본 계 250억 원**	

Q¹· 이 기업의 자본구조는 안정성이 있는가? 자기자본비율과 부채비율로 분석하면?

일반적으로 자본구조의 안정성은 자기자본비율이나 부채비율 같은 지표로 평가한다.

구분	자기자본비율	부채비율
사례의 비율분석	=(자기자본/총자본)×100% =(100억 원/250억 원)×100% =40%	=(총부채/자기자본)×100% =(150억 원/100억 원)×100% =150%
우량기업 판단기준	50%↑	100%↓

사례의 경우 자기자본비율이나 부채비율 측면에서 다소 문제가 있다. 자기자본비율은 50%에 미달하고, 부채비율은 100%를 넘기 때문이다.

Q²· 이 기업의 지불 능력은 문제가 없는가? 유동비율과 당좌비율로 분석하면?

지급능력은 유동비율이나 당좌비율 같은 지표로 분석하는 것이 일반적이다.

구분	유동비율	당좌비율
비율분석	=[유동자산/유동부채]×100% =[150억 원/50억 원]×100% =300%	=[당좌자산(유동자산-재고자산)/유동부채]×100% =[70억 원/100억 원]×100% =70%
우량기업 판단기준	200%↑	100%↑

사례의 경우 유동비율은 양호한 것으로 나오나 당좌비율은 다소 미흡한 것으로 나온다. 당좌비율이 낮게 나온 이유는 재고자산 때문이다.

Q³. 이 기업의 재무제표는 전체적으로 무엇이 문제인가?

공사를 발주할 기업은 전체 250억 원짜리 자산을 가졌지만, 당장 갚아야 할 돈이 50억 원이나 된다. 그런데 이 부채는 유동자산 중 보통예금과 미수금 그리고 대여금 등으로 상환할 수 있는 것으로 보이지만, 미수금을 회수할 수 없거나 대여금이 허수(虛數)인 경우 자금흐름이 불량해질 수 있다. 이러한 상황에서는 K기업이 입찰에 성공해 공사를 진행하더라도 공사대금을 제때 받지 못할 가능성이 높다.

Q⁴. 앞의 K기업은 입찰을 포기해야 하는가?

현재 재무상태표로 보면 입찰을 포기하는 것도 고려해봐야 한다. 다만, 매출에 대한 담보책이 있다면 입찰을 시도할 수도 있을 것이다.

03
매출부진에 따른
원인분석

K기업은 이번 달의 매출이 연초에 세운 계획에 비해 많이 떨어지
자 그 원인을 밝혀내고 대책을 세우고자 한다. 자료가 다음과 같을
때 이에 대한 원인분석은 어떻게 해야 할까?

〈이번 달 판매 등 계획〉
· 매출액 : 40,000대×900,000원=360억 원
· 매출원가 : 40,000대×700,000원=280억 원
· 판매관리비 : 10억 원
· 영업이익 : 70억 원

〈이번 달 실적집계〉
· 매출액 : 38,000대×800,000원=304억 원
· 매출원가 : 38,000대×750,000원=285억 원
· 판매관리비 : 10억 원
· 영업이익 : 9억 원

우선 앞의 자료를 통해 매출 차이에 대한 분석을 해보자.

구분	계획	실적	차이(실적-계획)
매출수량	40,000대	38,000대	△2,000대
매출단가	900,000원	800,000원	△100,000원
매출액	360억 원	304억 원	△56억 원

당월의 이익차이인 61억 원 중 매출액 차이가 무려 56억 원을 차지하고 있다. 이를 매출수량 차이와 매출단가 차이로 구체적으로 구분하면 다음과 같다.

매출수량 차이	(38,000대 − 40,000대) × 900,000원 = △18억 원 　실제수량　　계획수량　　　계획단가
매출단가 차이	(800,000원 − 900,000원) × 38,000대 = △38억 원 　실제단가　　계획단가　　　실제수량
계(매출액 차이)	△56억 원

다음으로 영업 부문의 관리자는 이러한 분석 결과를 가지고 그 원인을 파악해 대책을 꾸려야 한다. 예를 들어 매출수량 차이는 경기침체에 의해 판매량이 축소되었고, 매출단가 차이는 주로 가격 할인 정책에 의해 발생했다면 이에 맞는 처방을 내릴 필요가 있다. 구체적으로 경기침체에 의한 경우라면 사업계획을 수정하거나 매출단가 인하의 경우에는 인하 폭을 제한하는 등의 방안이 있을 수 있다.

Tip 매출누락에 따른 불이익

기업이 매출을 의도적으로 누락시킨 경우 세무상 불이익은 다음과 같다.

구분		불이익
기업	법인세	·본세 추징 ·가산세 추징 - 과소신고가산세(일반과소신고 10%, 부당신고 40%) - 납부지연가산세(미납부금액×2.2/10,000×미납기간)
	부가가치세	·본세 추징 ·가산세 추징 - 세금계산서 불성실가산세(공급가액의 2%) - 신고불성실가산세(일반 10%, 부당 40%) - 납부지연가산세(미납부금액×2.2/10,000×미납기간)
대표이사	근로소득세	근로소득세 추징

04
판매촉진비 사용에 따른
수익성 분석

불황기에 많은 기업들이 광고비나 판매촉진비 등을 투입해 정해진 목표를 달성하려고 한다. 그런데 무턱대고 비용을 투입하면 수익성 측면에서 오히려 독이 되는 경우가 있다. 투입 대비 성과가 나지 않는 경우가 많기 때문이다. 이러한 문제는 마케팅부서에서 잘 참고하는 것이 좋을 것이다. 이하에서 사례를 통해 이에 대해 알아보자.

1. 사례 1

〈자료〉
· K기업은 매월 인건비 500만 원, 기타 전기료와 수도료 등 경비가 100만 원 들어가고 있다. 재료비는 매출액의 20%로 가정한다(다른 사항은 무시).

Q¹. 첫 달에 수입이 1천만 원(1,000개×10,000원)이 발생했다. 첫 달의 이윤은 얼마인가?

회계상의 이익측정 방법은 보통 기업들이 쓰는 것으로 경영성과를 반영하는 것이 특징이다. 그래서 시설비는 철수하기 전까지 지속적으로 사용되므로 이를 당기의 비용으로 처리하지 않고 대략 5년에 걸쳐 비용으로 처리할 수 있다. 따라서 비용은 다음과 같이 집계된다.

▶ **총비용 = 인건비+기타비용+재료비+시설비 감가상각비**
= 500만 원+100만 원+200만 원(=1,000,000원×20%)+100만 원
= 900만 원

위에서 시설비에 대한 감가상각비는 다음과 같이 구해졌다.
· 연간 감가상각비 : 투자비용 6천만 원/5년=1,200만 원
· 월 감가상각비 : 1,200만 원/12개월=100만 원

따라서 회계상의 이익은 다음과 같이 계산된다.

· 매출 1천만 원 − 비용 900만 원 = 이익 100만 원

Q². 만일 판매가격을 10% 내린다면 판매 개수는 10% 늘어난다고 하자. 회계상 이익은 얼마나 늘어날까?

이러한 질문에 답하기 위해서는 비용을 매월 고정적으로 발생한 비용과 매출의 증감에 따라 발생한 비용으로 구분할 수 있어야 한다. 앞에서 매월 고정적으로 발생한 비용은 인건비와 기타비용, 그리고 감가상각비 등 총 700만 원 정도가 된다. 재료비는 대표적인 변동비용이다.

- 매출액 (1,000개×110%)×(10,000원×90%) = 9,900,000원
- 변동비   1,980,000원
  재료비 (9,900,000원×20%)=1,980,000원
- 고정비   7,000,000원
  - 인건비   5,000,000원
  - 감가상각비   1,000,000원
  - 기타비용   1,000,000원
- 이익   920,000원

이는 앞의 이익(100만 원)보다 8만 원 정도 줄어드는 것으로 나타났다.

Q³. 앞의 K기업은 수요가 30% 정도 떨어지자 이를 만회하고자 판매촉진의 일환으로 700명의 고객에게 각각 2천 원(총 140만 원)짜리 판촉용 우산을 지급하기로 했다. 이렇게 판촉비가 투입된 상태에서 수요가 전과 동일한 수준으로 회복된 경우 이익은 어떻게 변할까?

① 수요가 30% 떨어진 상태에서의 이익

- 매출액 (1,000개×70%)×10,000원 = 7,000,000원
- 변동비   1,400,000원
  재료비 (7,000,000원×20%)=1,400,000원
- 고정비   7,000,000원
  - 인건비   5,000,000원
  - 감가상각비   1,000,000원
  - 기타비용   1,000,000원
- 이익   △1,400,000원

② 판촉비용을 들여 수요를 30% 만회시킨 경우의 이익

· 매출액 (1,000개 × 100%) × 10,000원 = 10,000,000원
· 변동비   2,000,000원
 재료비 (10,000,000원 × 20%) = 2,000,000원
· 고정비   8,400,000원
 – 판촉비용   1,400,000원
 – 인건비   5,000,000원
 – 감가상각비 1,000,000원
 – 기타비용   1,000,000원
· 이익   △400,000원

판촉비용 140만 원이 투입되어 수요가 만회되고 그 결과 손실 폭
이 100만 원에서 40만 원으로 줄어들게 되었다. 이러한 판촉비 투
입방법은 불황기에 사용할 수 있는 전략이 된다.

→ 불황기가 지속되는 상황에서는 초기 투자비와 인건비 같은 고
  정비가 적게 들어가는 업종이 오래 견딜 수 있다. 이러한 업종
  은 매출을 많이 달성하지 않아도 바로 이익을 거둘 수 있기 때
  문이다. 그리고 만에 하나 매출이 감소하는 경우라도 고정비
  가 작은 업종이 그렇지 않은 업종보다 손실 폭이 작게 나타난
  다. 따라서 경기가 좋지 않은 시기에는 가급적 투자 규모를 축
  소하는 것이 좋으며, 만일 투자가 완료된 경우라면 하루빨리
  고정비를 회수하도록 하는 노력이 필요하다.

3. 사례 2

K기업은 중저가 브랜드의 의류를 판매하는 업종을 영위하고 있다. 이번에 지영대리점을 개설하려고 한다.

〈자료〉
· 설비투자비용 : 1억 원(5년간 투자)
· 상품비 : 매출액의 30%
· 고정인건비(연간) : 1억 원
· 기타비용(연간) : 5천만 원
· 기대 매출 : 5억 원

Q1. 이에 대한 재무자료가 다음과 같다고 할 때 지점개설에 따른 직접손익을 평가해보면?

이같은 문제는 지금까지 보아온 회계상의 손익계산서 구조로 파악하면 쉽게 해결할 수 있다.

구분	금액	근거
매출액	5억 원	
매출원가	1.5억 원	매출액의 30% 가정
매출총이익	3.5억 원	
판매관리비 인건비 투자비 기타	1.7억 원 1억 원 0.2억 원 0.5억 원	자료 1억 원을 5년으로 나눠 계상함(감가상각)
영업이익	1.8억 원	

Q². 만일 본사에서 직접 집행한 판촉비가 8천만 원이라면 영업이익은 얼마가 되는가?

앞의 1.8억 원에서 8천만 원을 차감하면 1억 원이 된다. 지점의 수익성을 평가할 때는 본사에서 집행되는 비용 등을 고려해야 한다.

Q³. 만일 실제 매출액이 3억 원이 되었다면 이 경우 이 지점의 직접손익은 어떻게 되는가? 매출원가를 빼곤 모두 고정비 성격이라고 하자.

앞의 손익계산서는 다음과 같이 변동된다.

구분	금액	근거
매출액	3억 원	
매출원가	0.9억 원	매출액의 30% 가정
매출총이익	2.1억 원	
판매관리비 인건비 투자비 기타	1.7억 원 1억 원 0.2억 원 0.5억 원	자료 1억 원을 5년으로 나눠 계상함(감가상각)
영업이익	0.4억 원	

이처럼 매출액이 증감되면 매출액에 변동되는 상품비(매출원가)는 변동하지만, 기타 고정비는 매출액의 증감과 관계없이 일정하게 발생한다.

→ 따라서 기업이 이익을 창출하기 위해서는 매출액이 일차적으로 고정비를 뛰어넘어야 한다.

05
채용업무가 재무제표에 미치는 영향

이 책은 직장인들이 회계를 이해하고 이를 실무 등에 활용하는 것을 목표로 하고 있다. 따라서 본인의 업무가 재무제표에 어떤 영향을 주는지 그려보는 것도 나쁘지 않을 것 같다. 이러한 훈련은 향후 1인 기업을 운영할 때 상당히 좋은 감각을 제공할 것이다. 여기서는 인사부에서 종업원을 채용할 때 알아두면 좋을 회계지식을 알아보자. 실제 각 기업에서는 관련 지출액이 상당히 많으므로 정확한 직무분석을 통해 채용을 한다. 그렇게 해서 양질의 인적자원을 확보하면 재무제표에 긍정적인 영향을 미치게 된다.

1. 사례 1

K기업의 인사 관련 재무자료가 다음과 같다고 할 때 물음에 답해보자.

<자료>
- 매출액 : 100억 원
- 인건비 : 20억 원
- 복리후생비 : 10억 원
- 부가가치 : 40억 원
- 임직원 수 : 50명

* 부가가치 : '세전순이익+인건비+순금융비용+임차료+조세공과+감가상각비'를 말함.

Q[1]. 1인당 평균인건비는 얼마인가?

전체 인건비를 임직원 수로 나누면 4천만 원이 된다. 이를 전기의 것과 비교하면 증감원인을 찾을 수 있다.

Q[2]. 1인당 부가가치는 얼마인가?

이 기업의 경영활동 결과 임금이나 지대 등의 부가가치 생산액이 40억 원인 것으로 가정했으므로 이를 임직원 수로 나누면 1인당 8천만 원이 된다. 즉 이 기업의 임직원은 1인당 8천만 원 정도의 부가가치를 생산해냈다고 평가한다. 이 금액이 높을수록 1인당 생산성도 높아질 것이다.

Q[3]. 매출액 대비 복리후생비의 비율은 어떻게 되는가?

매출액이 100억 원이고 복리후생비가 10억 원이므로 매출액 대비 복리후생비율은 10%가 된다. 그런데 인건비 대비 복리후생비 비율은 50%로 껑충 뛰게 된다. 뭔가 문제가 있어 보인다. 자료를 좀 더 분석하면 그 이유를 알 수 있을 것이다.

2. 인사부와 재무제표의 관계

인사 부문이 재무제표에 어떤 영향을 주는지 손익계산서와 재무상태표, 현금흐름표를 중심으로 정리해보자.

손익계산서		
수익		
비용	인건비 교육훈련비	
손익		

재무상태표			
자산	(인적자원)	부채	퇴직급여 충당금
		자본	

현금흐름표	
영업 활동	인건비 지출
투자 활동	
재무 활동	

* 표 안의 ( )는 인사 부문이 간접적으로 영향을 미치고 있는 것을 의미한다.

첫째, 인사 부문이 손익계산서상에 영향을 주는 부분은 주로 인건비와 교육훈련비 등과 같은 지출이다.

일반적으로 사람을 채용하는 경우에는 매월의 급여와 퇴직 시 퇴직금, 그리고 각종 복리후생비 등이 들어간다. 따라서 적정한 인원을 유지하는 것은 기업의 경쟁력을 키우는 데 매우 필요하다. 이외에도 기업 구성원들이 업무에 최선을 다할 수 있도록 근무환경을 조성하는 일도 필요하다.

둘째, 인사 부문이 재무상태표에 직접적으로 영향을 주는 부분은 주로 부채란의 퇴직급여충당금 정도가 된다. 퇴직급여충당금은 퇴직금의 일부를 미리 비용으로 계상하는 한편, 지급액을 충당금으로 적립하는 것을 말한다.

셋째, 인사 부문이 현금흐름표에 영향을 주는 부분은 주로 영업활동으로 인한 현금흐름이다. 물건을 제조하거나 판매 또는 일반관리를 위해 종사하는 사람들에게 지급되는 인건비는 바로 현금유출을 의미하기 때문에 인건비가 효율적으로 집행되도록 관리하는 것이 매우 중요하다.

Tip 종업원과 임원의 인건비에 대한 세법상의 규제[46]

종업원과 임원에 대한 인건비와 관련된 세법의 규제내용을 비교해보자.

구분	종업원	임원
급여	손금산입	·출자임원 : 손금산입 ·비출자임원 : 손금산입 ·비상근임원 : 손금산입(부당행위계산 부분은 손금불산입) ·노무출자사원(합명, 합자) : 손금불산입 ·신용출자사원(합명, 합자) : 손금산입
상여금	손금산입(단, 이익처분에 의한 상여금과 임원 상여금지급기준 초과분은 손금불산입함)	
퇴직급여	손금산입	·정관규정 시 : 정관기준상의 한도 내에서 손금산입 ·정관규정 없을 시 : 1년간 총급여(손금불산입된 인건비 제외)×1/10×근속연수(1월 미만은 절사)

※ 종업원 채용 시 알아두면 좋을 제도(2024년기준)

이 제도는 모든 기업이 직전 연도 대비 상시근로자 수가 증가하는 경우에 1인당 400만 원~1,550만 원을 소득세나 법인세 산출세액에서 세액공제하는 제도를 말한다. 적용 시한 등은 조세특례제한법 제29조의 8을 참조하기 바란다.

구분	중소기업		중견기업	대기업
	수도권	지방		
상시근로자	850만 원	950만 원	450만 원	0원
청년 정규직, 장애인 근로자, 60세 이상 근로자 등	1,450만 원	1,550만 원	800만 원	400만 원

---

46) 임원이 받는 상여금과 퇴직금에 대해서는 세법상 한도가 있다. 이에 반해 직원에 대해서는 한도규제가 없다.

이 책에서 주로 살펴본 회계는 주로 투입된 자본과 그에 따른 경영성과를 표시하는 재무회계와 관련이 있다. 이러한 회계는 모든 기업들에 공통적으로 적용되는 회계기준의 틀에 맞춰 정보가 가공되고 공표되고 있다. 따라서 이러한 과정을 통해 만들어진 재무제표는 누가 보더라도 해석이 달라질 이유가 없다. 그런데 이와는 달리 관리회계 또는 세무회계가 있는데, 이러한 회계도 재무회계와 관련이 있으므로 이 부분도 정리를 해두는 것이 좋을 것으로 보인다. 이하에서 회계의 종류에 대해 알아보자.[47]

1. 재무회계

재무회계는 주로 투자자나 채권자 그리고 정부 등 외부정보 이용자들이 투자를 하거나 대출을 결정할 때 그리고 적정 세수 등을 확보하기 위한 의사결정을 할 때 도움을 줄 수 있는 정보를 제공하는 목적으로 수행되는 회계를 말한다. 따라서 각 기업들은 동일한 기준에 의한 회계처리가 필요하며, 이를 근거로 재무제표가 만들어져야 한다. 현행의 회계기준에 따르면 재무제표에는 다음과 같은 것들이 해당한다.

· 재무상태표 : 일정 시점의 기업의 재무상태를 나타내는 표를 말한다. 대차대조표로 부르기도 한다(이 책은 재무상태표 용어 사용).
· 손익계산서 : 일정 기간의 당기성과를 보여주는 표를 말한다. 국제회계기준에서는 이를 포괄손익계산서로 부른다(이 책은 손익계산서 용어 사용).
· 현금흐름표 : 일정 기간의 현금흐름의 양상을 보여주는 표를 말한다.
· 자본변동표 : 자본의 변동을 보여주는 표를 말한다.
· 주석 : 재무제표를 더 잘 이해할 수 있도록 추가로 설명하는 것을 말한다.

---

47) 이 책은 주로 재무회계의 관점에서 내용을 전개하고 있다.

→ 회계기준 위배 시 상장퇴출, 상법 등에서의 제재를 받게 된다.

2. 관리회계

관리회계는 경영자나 내부관리자 등 내부정보이용자가 제품의 원가48)를 계산하거나 관리적 의사결정(계획과 통제)에 유용한 정보제공을 주된 목적으로 하는 회계를 말한다. 그런데 관리회계는 재무회계와는 달리 각 기업의 필요에 따라 채택할 수도 있고, 하지 않을 수도 있다. 재무회계나 세무회계처럼 회계기준이나 세법 같은 수단이 없기 때문이다. 한편 이 회계를 채택한 경우라도 각 기업의 실정에 맞는 독자적인 기법을 사용하는 경우가 일반적이다. 관리회계의 대표적인 예는 다음과 같다.

· 원가구조에 따른 신제품 가격 결정
· 특별주문의 수락 여부 결정
· 손익분기점 파악 등

→ 관리회계 위배 시에는 특별한 제재가 없다.

3. 세무회계

세무회계는 세법에 따라 파악된 과세소득에 대해 국가가 세금을 부과하는 데 필요한 회계를 말한다. 법인이 획득한 소득에 대해서는 9~24%의 세율로, 개인이 획득한 소득에 대해서는 6~45%의 세율로 과세하는 것이 일반적이다. 이러한 세금은 기업의 가처분소득을 줄여 주주들의 배당금을 축소시키는 역할을 담당하기 때문에 이를 최소화하는 것이 주된 관심사다. 기업에 재직하고 있는 임직원들이 접대비를 예산 범위 내에서 사용하고, 각종 지출 시 증빙서류를 제대로 갖추도록 요구받는 것은 이를 지키지 않으면 기업의 세금이 증가하

---

48) 제품의 제조원가나 상품의 구입원가 등을 말한다. 통상 원가에 마진을 붙여 판매가격을 책정하는 것이 일반적이다.

기 때문이다. 기업이 내는 세금의 종류에는 다음과 같은 것들이 있다.

- 부가가치세
- 법인세(개인은 종합소득세)
- 원천세
- 기타(취득세, 지방소득세 등)

→ 세법을 위배 시에는 가산세 부과 및 조세범처벌법을 적용한다.

4. 3개의 회계를 잘 다뤄야 하는 이유

앞에서 살펴본 3개의 회계는 서로 관련성이 있다.

우선 관리회계는 경영자 등에게 내부관리를 잘하게 해서 재무성과를 끌어내고 이의 결과는 재무회계 영역으로 연결된다. 한편 재무회계에 의해 달성된 성과에 대해서는 세무회계에 의해 세금이 도출되므로 이 둘도 연결고리가 있는 셈이 된다. 따라서 회계를 정복하고자 하는 이들은 이 3개의 회계를 모두 섭렵하는 것이 좋을 것으로 보인다.

회계의 한 종류인 관리회계에서는 원가에 대한 정보를 가지고 다양한 의사결정을 하는 경우가 많다. 예를 들어 매출을 얼마나 올려야 이익을 볼 수 있는지, 판매촉진비를 투입해야 하는지 등에 대한 의사결정을 할 때 이에 대한 정보가 필요하다. 다음의 예로 이에 대해 알아보자.

| 사례 |
어떤 사업자가 커피전문점을 창업한다고 하자.

〈자료〉
· 판매단가 : 5천 원
· 판매량 : 10,000잔/월
· 변동비(재료비 등) : 커피 한 잔당 500원
· 고정비
  - 임차료 : 월 1천만 원
  - 인건비 : 월 1천만 원
  - 감가상각비 : 월 400만 원
  - 기타 고정관리비 : 월 100만 원

Q¹. 앞의 자료에서 변동비와 고정비는 무엇을 의미하는가?

변동비는 매출액의 증감에 따라 변하는 비용으로서 재료비가 대표적이다. 한편 고정비는 매출액과 관계없이 고정적으로 발생하는 비용으로서 인건비와 감가상각비 등이 있다.[49]

---

49) 변동비와 고정비는 재무회계와 세무회계에서는 사용하지 않는다.

Q². 관리회계에서는 공헌이익이란 용어가 많이 등장한다. 이는 무엇을 의미하는가?

공헌이익은 매출액에서 변동비를 뺀 금액으로서 고정비를 회수하는데 공헌한다는 의미에서 이렇게 부르고 있다. 사업이익은 공헌이익이 고정비를 회수한 이후부터 발생한다. 따라서 고정비를 빨리 회수하는 것이 사업이익을 늘리는 지름길이 된다.

Q³. 주어진 자료를 바탕으로 공헌이익과 영업이익 그리고 커피 한 잔당 원가를 계산하면?

(단위 : 원)

구분	금액	판매량	단위당 가격
매출액 변동비	50,000,000 5,000,000		5,000 500
공헌이익 고정비	45,000,000 25,000,000	10,000잔	4,500 2,500
영업이익	20,000,000		2,000

원가는 변동비와 고정비를 합하면 3천만 원이 되고 이를 판매수량인 1만 잔으로 나누면 단위당 원가는 3천 원이 된다. 즉 커피 한 잔의 원가는 3천 원이 된다. 따라서 커피 한 잔을 팔면 이윤은 2천 원이 발생함을 알 수 있다.

Q⁴. 만일 월 커피 판매량이 8천 잔으로 떨어지면 단위당 원가는 얼마나 될까?

(단위 : 원)

구분	금액	판매량	단위당 가격
매출액 변동비	40,000,000 4,000,000		5,000 500
공헌이익 고정비	36,000,000 25,000,000	8,000잔	4,500 3,125
영업이익	11,000,000		1,375

판매량이 떨어지면 고정비는 감소하지 않고 변동비만 감소한다. 이러한 원리를 통해 물음에 대한 답을 찾아보면 앞의 표와 같다. 구체적으로 판매량 감소로 변동비가 100만 원 줄어들어 총원가는 2,900만 원이 되고, 이를 8천 잔으로 나누면 커피 한 잔의 원가는 3,625원이 된다. 앞과 비교해보면 625원이 증가되었다. 이렇게 원가가 증가한 이유는 고정비 때문이다. 변동비는 매출액에 따라 변동하는 비용이므로 판매량의 증감이 있더라도 원가에 미치는 영향은 없다. 하지만 고정비는 판매량의 증감이 일어나면 고정비의 배부액이 달라지기 때문이다. 그 결과 고정비가 큰 상황에서 판매량이 종전보다 감소하면 개당 원가가 상승하므로 가격경쟁력이 저하될 수밖에 없다. 이에 경영자는 이러한 상황을 타개하기 위해 마케팅 방안을 고려하는 경우가 일반적이다.

Q5. 만일 앞의 창업자가 커피 한 잔의 가격을 5천 원에서 3천 원으로 할인한다고 하자. 이 경우 이익 및 원가구조는 어떻게 변할까?

단, 가격인하로 판매량이 월 8천 잔에서 2만 잔으로 증가했지만, 고정비는 변동이 없다고 하자.

(단위 : 원)

구분	금액	판매량	단위당 가격
매출액 변동비	60,000,000 10,000,000		3,000 500
공헌이익 고정비	50,000,000 25,000,000	20,000잔	2,500 1,250
영업이익	25,000,000		1,250

이 경우 커피 한 잔의 원가는 총 1,750원이 되는데, 이 중 변동비는 500원, 고정비는 1,250원이다. 앞에서 본 단위당 고정비원가에 비해 크게 원가가 떨어졌다. 이렇게 박리다매를 하게 되면 판매량이 증가하므로 개당 원가를 떨어뜨릴 수 있다.

Q⁶. 가격인하에 따라 판매량이 8천 잔에서 1만 잔으로 늘어난 경우에는 어떤 결과가 나올까?

(단위 : 원)

구분	금액	판매량	단위당 가격
매출액 변동비	30,000,000 5,000,000		3,000 500
공헌이익 고정비	25,000,000 25,000,000	10,000잔	2,500 2,500
영업이익	0		0

이처럼 판매가격 인하에 따라 수요는 회복되었지만, 사업이익은 발생하지 않는다. 따라서 이러한 상황에서는 커피 가격을 인하하지 않는 것이 영업이익 측면에서 훨씬 더 나은 방법이 된다.⁵⁰⁾

결국 사업에서 성공하기 위해서는 이익구조를 잘 관리하고 과도한 고정비가 발생하지 않도록 관리하는 것이 좋다. 특히 시설비와 인건비 같은 고정비의 관리는 매우 중요한 요소가 된다.⁵¹⁾

---

50) 시장 점유율을 제고하는 관점에서는 이러한 방안이 지지될 수 있다.
51) 이러한 사례는 현실에서도 많이 볼 수 있다. 동네에 들어선 커피전문점을 생각해보자.

접대비(기업업무추진비로 용어가 변경됨)는 업무와 관련해 거래처 등에 향응 등을 제공하면서 발생하는 비용을 말한다. 따라서 재무회계의 관점에서 보면 매출에서 차감되는 요소임에는 틀림이 없다. 하지만 접대비는 자칫 기업자금이 비생산적으로 사용될 가능성이 높기 때문에 세법에서 한도 등의 규제를 두고 이를 지키지 않으면 기업에 세금을 부과하는 식으로 불이익을 준다. 따라서 이러한 불이익을 받지 않기 위해서는 미리 관련 내용을 파악해 이를 지키는 것이 중요하다. 이하에서 사례를 들어 이에 대해 알아보자.

1. 사례 1

〈자료〉

K기업은 중소기업에 해당하며 올 한 해의 매출액은 100억 원이었다. 그리고 총비용은 90억 원이었는데 이 중 접대비로 계상된 금액은 10억 원이었다.

Q[1]. 이 기업의 올해 당기순이익은 얼마인가?

· 당기순이익=매출-비용=100억 원-90억 원=10억 원

Q[2]. 앞의 접대비 중 9억 원은 세법상 한도를 벗어난 금액이라고 하자. 이 경우 세법상 과세소득은 얼마인가?

당기순이익 : 10억 원
+세법상 인정되지 않는 비용 : 9억 원
=세법상 과세소득 : 19억 원

세법은 앞과 같이 과세소득을 파악해 재무회계상의 이익인 10억 원에 법인세나 종합소득세를 과세하는 것이 아니라 19억 원에 대해 과

세하게 된다. 이 기업이 세법을 위배해 지출한 접대비 9억 원을 인정하지 않고 오히려 이에 대해 과세함으로써 과도한 접대비 사용을 억제하고 있다.

Q³. 접대비는 어떤 규제를 받는가?

접대비는 소모성 경비에 해당하므로 세법에서 다른 항목과는 달리 다양한 방법으로 규제하고 있다. 대표적인 것 몇 가지만 나열하면 다음과 같다.

· 경조금의 경우 20만 원, 이외는 3만 원을 초과해 지출하면 반드시 지출을 확인할 수 있는 신용카드 매출전표 등을 수취해야 한다.

· 접대비는 연간 지출한도가 있다. 중소기업*의 연간 기본한도는 3,600만 원(일반기업은 1,200만 원)이고, 이외 매출액에 따라 추가한도(예 : 100억 원 이하인 경우 '매출액×1만분의 30')가 적용된다.

> * '조세특례제한법' 제6조 제1항에 따른 중소기업을 말한다.
> · 법인기업의 경우 법인 명의로 발급받은 신용카드만 접대비로 인정되며, 임직원 개인 명의의 신용카드로는 접대비로 인정받을 수 없다.

2. 실무에서 알아두면 좋을 접대비 사례

· 통상 회의비 초과분 → 접대비에 해당

정상적인 업무를 수행하기 위하여 지출하는 회의비로서 사내 또는 통상 회의가 개최되는 장소에서 제공하는 다과 및 음식물 등의 가액 중 사회통념상 인정될 수 있는 범위 내의 금액은 이를 각 사업연도의 소득금액 계산상 손금에 산입하나, 통상회의비를 초과하는 금액과 유흥을 위하여 지출하는 금액은 이를 접대비로 본다(법인세 집행기준 25-0-4).

· 특정거래처에만 제공하는 비매품 → 접대비에 해당

법인이 유·무상으로 수입한 상품과 자기가 생산한 제품을 '비매품'

표시를 한 상품 등을 판매촉진을 위하여 신규 및 기존 거래처에 다량을 무상으로 공급하는 경우 사회통념상 견본품으로 인정할 만한 수량을 초과하거나 특정거래처에만 제공하는 것은 접대비로 본다(법인 46012-2964, 1996. 10. 24).

· 모든 거래처에 대한 일정한 기준의 할인금액 → 접대비에 미해당

법인이 상거래를 함에 있어서 모든 거래처에 정상거래로서 매출에누리를 하거나, 상품 등 판매가격에 대하여 법인 내부적으로 일정한 기준 등을 마련하여 거래금액별로 할인가격에 차등을 두고, 그 거래조건을 모든 거래처에 차별 없이 적용하는 경우에 당해 할인한 가격을 접대비로 보지 아니한다(서이 46012-11514, 2003. 8. 21).

· 불특정 다수의 신규대리점에 대해 일정 할인금액 → 접대비에 미해당

대리점을 통하여 제품을 판매하는 법인이 거래처 확보를 위하여 새로이 대리점 계약을 체결하는 불특정 다수의 모든 거래처에 대하여 제품가격의 일정률에 상당하는 금액을 일정 기간 동안 할인하여 공급하기로 사전에 약정한 경우 동 약정에 따라 위 거래처에 할인 판매하는 금액이 건전한 사회통념과 상관행 등에 비춰 정상적인 거래라고 인정되는 경우에는 접대비에 해당하지 아니한다(서이 46012-10543, 2003. 3. 18).

Tip 세법 위반 시의 불이익

기업이 세법을 지키지 않으면 다양한 불이익이 뒤따를 수 있다.

· 법인세나 사업소득세를 부과한다.
· 임직원의 상여로 보아 근로소득세를 부과한다.
· 주주에 대한 배당으로 보아 배당소득세를 부과한다.
· 조세범 처벌법에 따라 과태료부과나 징역형에 처한다.

제 **7** 장

1인 기업의
회계관리법

01
1인 기업의 창업과
회계관리법

기업은 '창업기 → 성장기 → 성숙기 → 쇠퇴기 → 철수기'의 순서에 따라 재무제표의 모양새도 달라지고 그에 따른 회계관리법도 달라진다. 지금부터는 앞에서 공부한 내용들을 총동원해 창업기부터 철수기까지 중점적으로 알아야 할 회계관리법을 순차적으로 알아보자. 이러한 내용은 직장인도 알아두면 나중에 두고두고 써먹을 수 있다.

1. 개인과 법인의 선택

사업을 시작할 때 개인으로 할 것인지, 법인으로 할 것인지 이에 대한 결정을 해야 한다. 전자는 개인이 무한책임을, 후자는 주주가 유한책임을 지는 차이가 있다.

→ 개인은 사업자등록을 하면 바로 사업을 시작할 수 있으며, 법인은 법인설립등기를 하고 사업자등록을 하면 바로 사업을 시작할 수 있다. 개인과 법인의 차이에 대해서는 이 장의 '심층 분석' 편을 참조하기 바란다.

2. 사업 초기 회계상의 쟁점

신생기업들이 사업 초기에 알아둬야 할 회계상의 쟁점을 정리하면 다음과 같다. 이하는 주로 법인기업에 맞춰 내용을 전개해보기로 한다.

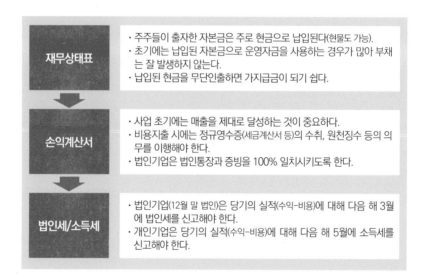

재무상태표	· 주주들이 출자한 자본금은 주로 현금으로 납입된다(현물도 가능). · 초기에는 납입된 자본금으로 운영자금을 사용하는 경우가 많아 부채는 잘 발생하지 않는다. · 납입된 현금을 무단인출하면 가지급금이 되기 쉽다.
손익계산서	· 사업 초기에는 매출을 제대로 달성하는 것이 중요하다. · 비용지출 시에는 정규영수증(세금계산서 등)의 수취, 원천징수 등의 의무를 이행해야 한다. · 법인기업은 법인통장과 증빙을 100% 일치시키도록 한다.
법인세/소득세	· 법인기업(12월 말 법인)은 당기의 실적(수익-비용)에 대해 다음 해 3월에 법인세를 신고해야 한다. · 개인기업은 당기의 실적(수익-비용)에 대해 다음 해 5월에 소득세를 신고해야 한다.

→ 기업 초기에 회계와 세무 등에 대한 틀을 잘 잡아둬야 향후 문제가 없다.

3. 사례

K씨는 올해 (주)정상을 신설했다. 자본금은 1억 원이며, 당기의 매출과 비용이 각각 1억 원, 5천만 원이라고 하자.

Q¹. (주)정상의 당기순이익은 얼마인가? 단, 법인세비용은 세전순이익의 10%로 계산한다.

구분	금액	비고
매출	1억 원	
− 비용	5천만 원	
= 세전순이익	5천만 원	
− 법인세비용	500만 원	세전순이익×10%
= 당기순이익	4.500만 원	

Q². 앞의 비용 중에는 세법에서 규정한 한도를 초과한 비용이 1천만 원 숨어 있다. 이 경우 법인세는 얼마가 될까?

법인세는 다음과 같이 계산한다.

구분	금액	비고
당기순이익	4.500만 원	
± 세무조정	1,500만 원	법인세비용 + 한도초과비용 =1,500만 원
= 소득금액	6천만 원	
×세율	10%	
= 산출세액	600만 원	

→ 손익계산서상의 법인세비용과 법인세법상의 법인세는 차이가 나는 것이 일반적이다. 손익계산서상의 법인세비용은 세법이 아닌 회계기준에 따라 계상된 것(∵수익·비용 대응의 원칙)이므로, 국가 등에 납부해야 할 법인세 등은 세법의 규정에 따라 계산해야 한다. 참고로 초기에는 세법의 규제가 상당히 중요하다. 이런저런 규제가 많은데 내부인력의 미비로 인해 이에 대한 방어가 약해 다양한 세무상 쟁점들이 발생할 수 있기 때문이다.

Q3. (주)정상은 어느 정도 세금이 예상되자 경영자의 보수를 5천만 원 책정했다. 이 경우 어떤 문제가 있는가?

경영자의 급여도 비용에 해당한다. 따라서 이 기업의 이익은 0원이 되므로 법인세는 나오지 않을 것이다. 하지만 경영자의 급여는 주주총회에서 결정된 보수기준을 초과하면 그 초과금액은 세법상 비용으로 인정받지 못한다. 예를 들어 5천만 원 중 4천만 원이 문제가 된다면 다음과 같이 법인세가 예상된다.

구분	금액	비고
당기순이익	0원	매출 1억 원-비용 1억 원
±세무조정	4천만 원	임원보수기준 초과금액
=소득금액	4천만 원	
×세율	10%	
=산출세액	400만 원	

Tip 신생기업들이 알아둬야 할 것들

· 모든 입출금은 법인의 통장(개인은 사업용 계좌)을 통해 거래되도록 한다.
· 기업자금이 인출되면 그에 따른 증빙을 갖춰야 한다.
· 경영자가 기업자금을 무단 인출하면 가지급금이 발생하므로 주의해야 한다.
· 신생기업은 수익성과 자본구조의 안정성보다는 활동성과 성장성 등이 중요하다.

※ 회사 자금의 사용법

회사들은 다음과 같은 지침을 가지고 자금을 사용하는 것이 좋다.

1. 사적인 지출과 공적인 지출의 구분

회사의 돈을 개인이 자유롭게 쓰는 것은 문제가 있다. 현실적으로 회사의 경비를 사용하는 주체가 사람이다 보니 기업회계기준이나 세법에 위배되게 집행할 가능성이 높다. 이에 세법은 모든 비용항목을 대상으로 과다지출되거나 부당지출되는 유형에 대해서는 한도초과분이나 지출비용 자체를 인정하지 않는다.

이러한 지출유형들에 대해서는 비용지출 전에 집행기준을 두어 사전에 세무상 문제점을 관리하는 것이 필요하다.

계정과목	내용
인건비	· 임원의 상여는 정관·주주총회·이사회결의에서 정한 기준을 초과하지 않도록 한다. · 임원의 퇴직급여는 정관(위임규정 포함)에서 정한 금액보다 초과하지 않도록 한다.
접대비	· 자기 회사에 맞는 접대비한도액을 책정한다. · 3만 원 초과 지출분은 반드시 법인 신용카드를 사용한다. · 개인사용 접대비를 지출하지 않는다.
복리후생비	복리후생비를 과다하게 지출하지 않는다.
업무무관비용	업무와 관련이 없는 자산에 대한 유지비용은 지출하지 않도록 한다.

2. 지출근거의 구비

지출 시에는 반드시 지출근거를 남겨둬야 한다. 내부규정 및 지출품의서분만 아니라 정규영수증을 제대로 갖춰야 한다. 법인세법은 법인의 모든 거래에 대해 법인이 이를 입증하도록 일정한 기준[52]을 두고 있다.

3. 임원 관련 경비의 과다·부당지출 금지

인원들에게 지급되는 것들은 과다지급 및 부당지급이 되지 않도록 한다. 세법은 해당 지출이 업무와 관련성이 있다고 하더라도 과도한 경우에는 이를 비용으로 인정하지 않는다. 임원 과다 인건비가 대표적이다.

4. 가공경비에 주의

회사의 회계장부에 가짜 경비들이 들어가 있으면 장부가 지저분하게 변한다. 장부가 지저분할수록 그 회사의 회계투명성은 떨어질 수밖에 없다. 또한 비자금 등 범죄와도 관련성이 높을 수밖에 없으니 주의해야 한다.

---

52) 법인세법 기본통칙 4-0…2 [법인의 거증책임]
   법인세의 납세의무가 있는 법인은 모든 거래에 대하여 거래증빙과 지급규정, 사규 등의 객관적인 자료에 의하여 이를 당해 법인에게 귀속시키는 것이 정당함을 입증해야 한다. 다만, 사회통념상 부득이하다고 인정되는 범위 내의 비용과 당해 법인의 내부통제기능을 감안하여 인정할 수 있는 범위 내의 지출은 그러하지 아니한다.

02
기업 성장기의
재무제표 관리법

기업이 본격적으로 성장하면 재무제표의 중요성이 부각된다. 자금이 부족하면 외부기관에 재무제표를 제출하고 입찰을 위해 재무제표를 제출하는 경우가 많기 때문이다. 지금부터는 기업 성장기의 재무제표에 대해 알아보자.

1. 성장기에 있는 기업과 회계상의 쟁점

기업 성장기에 알아둬야 할 회계상의 쟁점을 알아보자. 참고로 성장기에는 매출이 급격하게 늘어날 수 있고 자금조달도 덩달아 늘어날 수 있다. 따라서 회계관리는 좀 더 정교하게 진행되는 것이 좋다. 특히 회계시스템이 정착되지 않는 상황에서 기업의 자금이 무분별하게 유출되면 부실기업이 될 가능성이 크다. 이러한 점에 유의해 다음의 내용들을 살펴보자.

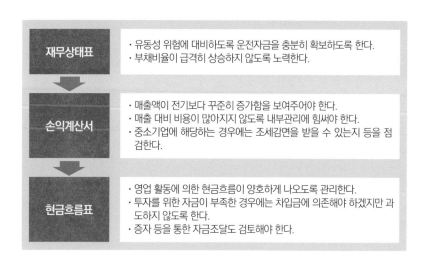

재무상태표	• 유동성 위험에 대비하도록 운전자금을 충분히 확보하도록 한다. • 부채비율이 급격히 상승하지 않도록 노력한다.
손익계산서	• 매출액이 전기보다 꾸준히 증가함을 보여주어야 한다. • 매출 대비 비용이 많아지지 않도록 내부관리에 힘써야 한다. • 중소기업에 해당하는 경우에는 조세감면을 받을 수 있는지 등을 점검한다.
현금흐름표	• 영업 활동에 의한 현금흐름이 양호하게 나오도록 관리한다. • 투자를 위한 자금이 부족한 경우에는 차입금에 의존해야 하겠지만 과도하지 않도록 한다. • 증자 등을 통한 자금조달도 검토해야 한다.

→ 성장기의 기업에는 벤처기업 등이 있다.

2. 사례

L기업의 재무상태표가 다음과 같다. 이 기업은 사업에 필요한 기계장치를 2억 원에 구입하려고 한다. 현재의 상태에서 비유동장기적합률[53]을 계산하고 새로운 기계장치에 대한 자금조달법을 제시하면?

자산	부채	
유동자산　　2억 원	유동부채　　2억 원	
비유동자산　3억 원	비유동부채　1억 원	
	자본	
	자본금　　　2억 원	

---

53) 초보자의 관점에서는 건너뛰고 나중에 봐도 문제가 없을 것이다.

STEP 1 비유동장기적합률이란?

비유동장기적합율은 비유동자산과 장기자본(자기자본과 비유동부채)과의 관계를 분석한 것이다. 비유동자산의 투자 자금은 장기자본으로 투자되는 것이 자본구조의 안정성을 가져다주는데, 이 비율은 이를 분석하는 데 도움을 준다. 일반적으로 100% 이하면 양호하다고 본다.

· **비유동장기적합률** : [비유동자산/(자기자본+비유동부채)]×100%

STEP 2 현 상태의 비유동장기적합률

현 상태의 비유동장기적합률은 100%다(비유동자산과 장기자본이 각각 3억 원임). 따라서 이를 판단하는 기준인 100% 이하에 해당하므로 자금조달이 안정적으로 되었다고 할 수 있다.

STEP 3 새 기계장치에 대한 자금조달법(제안)

기계장치는 비유동자산인 유형자산에 속하므로 이에 대한 투자금액은 비유동부채와 자기자본으로 충당되는 것이 좋다. 그런데 앞에서 본 비유동장기적합률은 100% 이하가 되는 것이 좋으므로 이를 고려해 의사결정을 내린다. 물론 이러한 투자로 인해 부채비율이 올라가는 것은 좋지 않으므로 이 부분도 고려하는 것이 좋다.

· IF 장기차입금으로 조달하면

구분	현재	조달 후	비고
비유동장기적합률	100%	100%	변동 없음.
부채비율(부채/자기자본)	150%	250%	나빠짐.

· IF 자기자본으로 조달하면

구분	현재	조달 후	비고
비유동장기적합률	100%	100%	변동 없음.
부채비율(부채/자기자본)	150%	75%	좋아짐.

→ 앞의 두 가지 상황을 비교하면 유형자산에 투자할 때 장기부
  채와 자기자본은 비유동장기적합률에 미치는 영향은 같지만,
  부채비율 측면에서는 다른 효과를 가져다준다.

Tip 성장기의 기업들이 알아둬야 할 것들

· 성장기의 기업은 성장성에 대한 분석이 중요하다.
· 특히 매출액이 자산총액을 넘어서고 있는지를 분석한다.
· 이 시기에는 운전자금이 많이 소요될 수 있으므로 자금조달에 관심을 둬야 한다.
· 투자 시에는 장기자본을 우선적으로 조달하는 것이 좋다.
· 매출이 급격히 증가하는 경우에는 세무조사의 가능성이 높아진다.

03 기업 성숙기의 재무제표 관리법

기업이 성숙기에 들어가면 매출이 안정적으로 발생하며 이익도 일정하게 발생한다. 기업이 이 위치에 있는 경우에는 새로운 성장 엔진을 찾고, 사업다각화나 사업포트폴리오의 재구성 같은 작업도 매우 중요하다. 세법적으로는 세무조사의 가능성도 높기 때문에 세무위험관리에도 특별히 관심을 둘 필요가 있다.

1. 성숙기의 기업과 회계상의 쟁점

기업 성숙기에 알아둬야 할 회계상의 쟁점을 알아보자. 참고로 성숙기에 있는 기업들은 회계시스템이 안정되어 있어 회계상의 쟁점이 그렇게 크게 발생하지 않는다. 다만, 잉여금이 많은 경우 배당압력이나 가업승계 등에서 걸림돌이 될 수 있으므로 이의 적절한 관리가 필요하다.

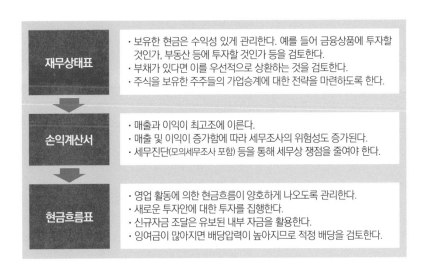

재무상태표	· 보유한 현금은 수익성 있게 관리한다. 예를 들어 금융상품에 투자할 것인가, 부동산 등에 투자할 것인가 등을 검토한다. · 부채가 있다면 이를 우선적으로 상환하는 것을 검토한다. · 주식을 보유한 주주들의 가업승계에 대한 전략을 마련하도록 한다.
손익계산서	· 매출과 이익이 최고조에 이른다. · 매출 및 이익이 증가함에 따라 세무조사의 위험성도 증가된다. · 세무진단(모의세무조사 포함) 등을 통해 세무상 쟁점을 줄여야 한다.
현금흐름표	· 영업 활동에 의한 현금흐름이 양호하게 나오도록 관리한다. · 새로운 투자안에 대한 투자를 집행한다. · 신규자금 조달은 유보된 내부 자금을 활용한다. · 잉여금이 많아지면 배당압력이 높아지므로 적정 배당을 검토한다.

2. 사례

K기업의 재무상태표가 다음과 같다.

재무상태표

자산	부채
	자본 잉여금 50억 원

손익계산서

수익	100억 원
비용	90억 원
손익	10억 원

현금흐름표

영업 활동	20억 원
투자 활동	-
재무 활동	△5억 원

Q1. K기업의 주식은 경영자가 100% 보유하고 있다. 이 경우 재무상태표상의 잉여금과 관련해 어떤 문제점이 예상되는가?

재무상태표상의 잉여금이 50억 원이므로 이 금액이 위 주주(경영자)에게 배당되면 막대한 소득세가 부과될 수 있다. 한편 이렇게 잉여금이 많은 경우 주식 가치도 상당히 높아 주식의 이동(상속, 증여,

양도 등) 시 많은 세금이 부과될 수 있다.

Q². K기업의 손익계산서상의 비용에는 세법에서 인정되지 않는 비용이 10억 원 정도 포함되어 있다. 세무조사가 나올 확률은 얼마나 될까?

K기업이 소득을 탈루했지만 과세당국이 세무조사를 나오기 전까지는 이 사실은 발견되기 힘들다. 그렇다면 세무조사가 나올 확률은 얼마나 될까? 일단 매출수준이 높아 세무조사가 나올 확률은 올라가겠지만 얼마가 될지는 단정할 수 없다. 다른 요인도 감안해야 하기 때문이다.

Q³. K기업 현금흐름표상의 영업 활동에 의한 현금흐름이 20억 원이고, 재무 활동에 의한 현금흐름은 △5억 원이다. 당기순이익은 10억 원인데 20억 원의 현금흐름이 발생한 이유는 무엇인가. 그리고 재무 활동에 의한 현금흐름은 왜 5억 원이 유출되었을까?

먼저 당기순이익은 10억 원이나 영업 활동에 의한 현금흐름이 20억 원이라는 것은 다음과 같은 요인에 기인할 수 있다.

· 전기에서 넘어온 매출채권 중에서 당기에 현금이 유입되었다.
· 비용 중 가짜비용 10억 원이 유출되지 않았다.

다음으로 재무 활동에 의한 현금유출이 5억 원이 발생한 것은 다음과 같이 추정할 수 있다.

· 부채를 상환했다.
· 배당금을 지급했다.

Tip 성숙기의 기업들이 알아둬야 할 것들

· 성숙기에는 모든 경영지표들이 좋아지는 것이 일반적이다.
· 성숙기에서는 재무구조의 안성성과 수익창출 능력, 현금창출 능력이 중요한 지표다.
· 순운전자본이 늘어나 잉여현금이 많아진다.
· 성숙기에는 세무조사의 가능성이 높아지므로 이에 대한 대비책을 마련하도록 한다.
· 가업을 승계하고자 하는 경우에는 10년 전부터 준비에 나서야 한다.

※ 성숙기의 수익성 분석

성숙기의 수익성 분석에 대한 분석지표로 ROA(자산이익률), ROE(자기자본이익률) 등도 활용된다. 이에 대해 대략 알아보자.

재무상태표

① 자산	부채
	② 자본

손익계산서

수익	
비용	
③ 이익	

· **ROA(=③ 이익/① 자산)** : 이율이 5% 이상이면 수익성이 우수하다고 평가한다.
· **ROE(=③ 이익/② 자본)** : 이율은 10% 이상이면 수익성이 우수하다고 평가한다.

04
기업 쇠퇴기·철수기의
재무제표 관리법

기업이 성숙기를 지나 쇠퇴기가 되면 기업을 다른 사업자에게 양도하거나 폐업을 하게 된다. 이러한 과정에서 다양한 회계문제가 발생할 수 있는데 이하에서 정리를 해보자.

1. 쇠퇴기의 기업과 회계상의 쟁점

기업 쇠퇴기 또는 철수기에 알아둬야 할 회계상의 쟁점을 알아보자. 참고로 기업의 철수기에는 청산소득에 대한 과세문제에 특히 주의해야 한다. 청산소득이 발생하면 법인세가 과세되는 한편, 잔여재산을 받는 주주들에게는 배당소득세가 과세되기 때문이다. 이외에 청산절차도 제대로 밟아야 한다.

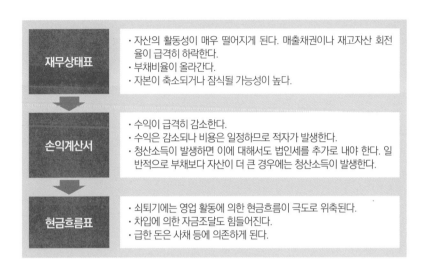

재무상태표	· 자산의 활동성이 매우 떨어지게 된다. 매출채권이나 재고자산 회전율이 급격히 하락한다. · 부채비율이 올라간다. · 자본이 축소되거나 잠식될 가능성이 높다.
손익계산서	· 수익이 급격히 감소한다. · 수익은 감소되나 비용은 일정하므로 적자가 발생한다. · 청산소득이 발생하면 이에 대해서도 법인세를 추가로 내야 한다. 일반적으로 부채보다 자산이 더 큰 경우에는 청산소득이 발생한다.
현금흐름표	· 쇠퇴기에는 영업 활동에 의한 현금흐름이 극도로 위축된다. · 차입에 의한 자금조달도 힘들어진다. · 급한 돈은 사채 등에 의존하게 된다.

2. 사례

K기업의 재무상태표가 다음과 같다.

재무상태표

자산 20억 원	부채 10억 원
	자본 10억 원

손익계산서

수익	10억 원
비용	10억 원
세전이익	0억 원

* 회계상의 이익은 세법규정을 충족함

현금흐름표

영업 활동	△5억 원
투자 활동	1억 원
재무 활동	–

Q[1]. K기업의 순자산가액은 얼마인가? 단, 자산과 부채는 모두 시가로 평가한 가액과 장부상 가액이 일치한다.

자산 20억 원에서 부채 10억 원을 차감하면 10억 원이 된다. 이 금액은 사실상 주주들이 불입한 자본금에 해당한다.

Q². K기업이 청산한 경우의 법인세는 얼마인가?

각 사업연도소득은 0원이므로 이에 대한 법인세는 없다. 한편 법인이 청산하면 청산소득에 대해서는 법인세를 추가로 내야 한다. 이때 청산소득은 다음과 같이 계산한다.

· 청산소득 = 잔여재산가액 – 자기자본 총액 = 0원*

* 잔여재산가액은 10억 원(자산 20억 원–부채 10억 원)이고, 자기자본 총액도 10억 원이므로 청산소득은 0원이다(구체적인 계산법은 법인세법 제79조 등 참조).

Q³. K기업의 현금흐름표는 어떠한 상황임을 말하는가?

영업 활동이 미진해 현금흐름이 대단히 불량하다. 한편 투자 활동에 의해 현금이 유입되었다는 것은 기업이 보유하고 있는 자산을 매각한 것을 말한다. 즉 기업 철수 시 자산을 미리 매각하는 것임을 알 수 있다.

Tip 쇠퇴기·철수기의 기업들이 알아둬야 할 것들

· 쇠퇴기에는 모든 경영지표들이 불량해진다.
· 금융비용이 급격히 증가한다. 금융비용이 매출액에서 차지하는 비율이 5% 이상이 되어 수익성이 악화된다.
· 영업이익을 이자비용으로 나눈 이자보상비율이 1 미만이 되는 경우가 일반적이다(1 이상이 되어야 양호한 것으로 평가됨).
· 법인이 청산을 하면 청산소득에 대해 법인세가 추가된다.
· 주식을 양수도하면 이에 대해서는 양도소득세 등이 부과될 수 있다. 또한 세법상 가액보다 높거나 낮게 양도하면 여러 가지 세법상의 규제가 적용된다.

실무에서 개인기업과 법인기업을 통틀어 기업이라고 부르기도 한다. 전자는 개인이 무한책임을 지는 데 반해, 후자는 주주들이 각 지분에 따른 유한책임을 지는 근본적인 차이가 있다. 이하에서 개인기업과 법인기업의 작동원리를 알아보자. 이러한 정보는 회계처리를 위해서도 필요하지만 향후 창업을 할 때 알아두면 유용성이 있다. 법인 설립 등에 대해서는 저자의《가족법인 이렇게 운영하라》등을 참조하기 바란다.

1. 개인기업의 작동원리

개인기업은 개인이 경영에 대한 책임의 주체가 되어 사업을 운영하게 된다. 통상 관할 세무서에 사업자등록을 하고 사업을 시작한다. 이들이 내는 세금은 종합소득세(6~45%)로 이 세금만 내면 나머지 세후이익은 본인에게 그대로 귀속된다.

2. 법인기업의 작동원리

법인은 개인과는 달리 주식을 소유한 자(주주)가 자기가 보유한 지분율에 상당하는 책임을 진다. 법인기업은 다수의 경영참가자가 있을 수 있으므로 기업의 기관을 구성해 이를 통해 운영이 된다. 이 기관에는 주주총회, 이사회, 대표이사, 감사 등이 있다.[54] 이러한 관점에서 법인기업의 작동원리를 살펴보자.

첫째, 사업에 대한 책임은 주주들의 몫이 된다. 주주들은 자신의 몫에 해당하는 것만 책임을 지며, 성과가 좋으면 자신의 몫에 따라 배당을 받는다.

둘째, 주주와 법인은 엄격히 구분된다.
법인도 하나의 살아 있는 생명체이므로 기업을 설립한 주주나 경영자

---

54) 이에 대한 자세한 내용은 바로 뒤의 '심층분석' 편을 참조할 것.

라도 법인과 구분된다. 따라서 경영자의 급여도 경비로 인정되며, 법인의 자금을 인출해 부당행위에 걸리면 세법상 불이익을 받기도 한다.

셋째, 회계 측면에서는 투명성이 강조되고 세무 측면에서는 저렴한 세율을 적용받으나, 배당소득에 대한 세금을 내야 한다. 여기서 배당소득에 대한 세금은 배당금을 수령할 때 원천징수(14%)를 거쳐 금융소득이 2천만 원 초과 시 금융소득 종합과세가 되는 것을 말한다. 참고로 세무 측면에서 개인과 법인을 비교하면 다음과 같다.

구분	개인	법인
세율	6~45%	9~24%
장점	세금처리법이 간단하다.	·소득이 많은 경우 개인에 비해 세금이 약하다. ·경영자의 급여 및 법인이 지출한 비용은 모두 인정된다.
단점	임대소득이 큰 경우 세금이 많다.	·관리비용이 많이 들 수 있다. ·이익배당에도 세금이 부과된다.

3. 법인기업 설립 전에 결정할 사항들

법인을 설립하기 위해서는 다음과 같은 것들이 먼저 결정되어야 한다. 이 중 상호나 사업목적 등은 그렇게 중요한 요소는 아니다. 법인등기를 추진하는 과정에서 법무사 등의 도움을 받으면 그만이기 때문이다. 하지만 본점소재지나 자본금이나 주주 등의 결정은 조금 더 신중해야 한다.

- 상호 결정
- 사업목적 결정
- 본점소재지 결정
- 자본금 결정
- 주주 및 임원 결정

1) 사업목적의 결정

법률에 저촉되지 않는 한 모든 내용을 사업목적에 넣을 수 있다. 예를 들어 연예인을 관리하는 업무와 프랜차이즈, 기타 부동산 임대 등도 사업목적으로 나열할 수 있다. 물론 이 중 중점적으로 하는 사업이 사업자등록증에 표시가 된다. 참고로 사업목적의 범위를 벗어나게 사업을 영위하면 관련 법 등에 따라 제재를 받을 수 있으나, 세법은 이에 대해 별다른 제재를 하지 않는다.

2) 본점소재지의 결정

이는 취득세 중과세와 관련이 있다. 수도권 과밀억제권역 내에서 설립된 법인이 이 지역 내의 부동산을 취득한 경우에 이러한 문제가 발생한다. 다만, 다음과 같은 경우에는 중과세의 문제가 없다.

· 과밀억제권역 밖에서 설립한 경우
· 과밀억제권역 밖의 부동산을 취득한 경우 등

3) 자본금의 결정

자본금은 제한이 없다. 따라서 100원짜리 법인도 존재할 수가 있다.[55] 다만, 자본금이 부족하면 운영자금이 부족하게 되어 결국 차입금에 의존하게 되는데, 이렇게 되면 재무제표 모양새가 좋지 않으므로 이 부분을 감안해 그 크기를 결정해야 한다.

※ 상법 제329조(자본금의 구성)
③ 액면주식 1주의 금액은 100원 이상으로 하여야 한다.

---

55) 이처럼 자본금에 대한 제한이 없으므로 법인을 만들기가 상당히 쉽다. 그래서 한 주주가 여러 개의 법인을 가지고 있는 경우도 많다. 이렇게 여러 개의 법인을 만든 목적은 과세소득의 분산을 통한 절세를 도모하기 위한 경우가 많다.

4) 주주의 결정

주주는 법인의 주인으로서 주식을 보유한 자를 말한다. 이러한 주주는 자본을 출자하게 되므로 가족을 중심으로 구성을 해도 된다. 자녀를 포함해 가족이 주주가 되면 향후 배당을 받을 때 유리할 수 있다. 참고로 가족의 주식 수를 모아 50%를 초과한 주주집단을 대주주, 과점주주 등으로 부르며 법인이 납세의무를 이행하지 못할 때 제2차 납세의무를 지우거나 취득세를 추가로 부과하는 경우도 있다.

> ### ※ 상법 제331조(주주의 책임)
> 주주의 책임[56]은 그가 가진 주식의 인수가액을 한도로 한다.

5) 임원의 결정

법인의 임원은 이사와 감사를 말한다. 현행 상법은 자본금이 10억 원 이하인 경우 이사는 1명 이상, 감사는 없어도 되는 것으로 하고 있다. 따라서 이사가 1명인 경우에는 그가 경영자가 되고, 이사회도 1인으로 구성이 가능하게 된다. 따라서 이러한 법인을 실무에서 '1인 법인'이라고 한다.

6) 주주와 임원의 관계

세법 등에서는 경영에 참여하는 주주를 출자임원이라고 하고, 경영에만 참여하는 임원을 전문경영인이라고 한다. 참고로 배우자, 교직원, 공무원, 다른 기업의 사원 등도 주식을 보유할 수는 있으나 임직원으로 근무하는 것은 겸직의무 위반 등에 해당될 수 있음에 유의해야 한다.

---

56) 법인이 대출을 갚지 못하면 파산이 될 수 있는데, 이때 대표이사, 대주주 등은 개별적으로 채무부담의 책임에서 벗어날 수 있다(유한책임).

Tip 사업자등록 후 법인의 세무일정

절차	내용
설립자금 및 사업장 마련	· 자본금 : 최저자본금제도 폐지됨(건설업은 최저자본금이 있음). · 사업장 : 자가 또는 타가(임차 시 대표이사의 주민등록번호로 가계약 → 향후 법인설립등기 시 법인등록번호나 사업자등록번호로 교체)
법인설립등기	· 법무사(법인에 한함)
세무회계사무소 선정	· 전문회계사무소 선정 (설립 전 증빙처리, 절세하는 감가상각방법 의사결정 등)
사업자등록	· 사업장이 있는 관할 세무서(2~3일 내에 수령) · 준비서류 : 사업자등록신청서, 임대차계약서, 주주명부, 정관 등
신용카드단말기 등 설치	· 신용카드단말기 설치, 현금영수증
원천세 신고	· 임직원에 대한 급여 · 사업소득, 이자소득 지급 시 등

부가가치세 신고

· 법인(영세한 법인은 1년에 2회 확정신고만 함)

구분		과세대상기간	신고·납부기간
제1기 1. 1~ 6. 30	예정신고	1. 1~3. 31	4. 1~4. 25
	확정신고	4. 1~6. 30	7. 1~7. 25
제2기 7. 1~12. 31	예정신고	7. 1~9. 30	10. 1~10. 25
	확정신고	10. 1~12. 31	다음 해 1. 1~1. 25

☞ 개인 중 일반과세자는 연간 2회, 간이과세자는 1회만 신고 및 납부

법인세 신고	· 12월 말 법인인 경우에는 다음 해 3월 말일까지 신고 및 납부해야 함. · 최초 법인세 신고 시 과세관청에 신고해야 할 것들 : 감가상각방법, 재고자산평가방법 등

법인을 운영하는 주체를 회사의 기관이라고 한다. 주주총회는 최고의 의결기관, 이사회는 업무집행기관이 된다. 한편 대표이사는 외부대표 기관, 감사는 내부감사기관이 된다. 이하에서는 이 기관들과 관련해 발생하는 세무상 쟁점에 대해 살펴보도록 하자.

1. 사례 1

> 〈자료〉
> ㈜서울에서는 20X2년 말에 창립에 공헌한 임원에 대해 상여금 5,000만 원 씩을 지급하려고 한다.

Q¹. 임원의 상여금에 대해 상법은 어떤 식으로 규제하고 있는가?

상법 제388조에 의하면 이사의 보수지급에 대해 정관에 그 한도액을 정하지 아니한 때에는 주주총회의 결의로 정하도록 하고 있다.

Q². 임원 상여금에 대한 지급규정이 있다면 세법상 문제점은 없을까?

세법에서는 다음의 규정을 두어 정관 또는 주주총회 또는 이사회 결의에 의해 결정된 금액에 따라 한도 내에서 정해지는 것은 손금으로 인정하고 있다. 따라서 이를 근거로 마련된 별도규정도 유효하다고 볼 수 있다.

※ 관련 규정 : 법인세법 시행령 제43조[상여금 등의 손금불산입]
② 법인이 임원에게 지급하는 상여금 중 정관·주주총회 또는 이사회의 결의에 의하여 결정된 급여 지급기준에 의하여 지급하는 금액을 초과하여 지급한 경우 그 초과금액은 이를 손금에 산입하지 아니한다.

Q³. 이사회에서 독자적으로 결정해도 문제가 없을까?

앞서 보았지만 문제가 없다. 참고로 임원의 상여에 대해서는 상법에서는 정관 또는 주주총회에서 정하도록 하고 있지만, 세법은 이를 확장해 이사회에서 지급하는 것도 인정하고 있다. 따라서 상법에 없는 내용을 세법에서 정한 경우에는 세법상 문제가 없는 것으로 보인다 (세법의 우선원칙이 적용됨).[57]

구분	상법	세법	비고
임원 상여금	정관 또는 주주총회 결의	좌+이사회 결의	세법의 우선원칙이 적용됨.

Q⁴. 만일 정관 등에서 특정임원을 우대해 지급하는 식으로 하면 어떤 문제가 있을까?

문제가 있다. 왜냐하면 법인세법 시행령 제43조 제3항에서는 법인이 지배주주 등(특수관계에 있는 자를 포함한다)인 임원 또는 직원에게 정당한 사유 없이 동일직위에 있는 지배주주 등[58] 외의 임원 또는 직원에게 지급하는 금액을 초과해 보수를 지급한 경우 그 초과금액은 이를 손금에 산입하지 아니하도록 하고 있기 때문이다.

→ 임원에게 지급되는 보수는 형평성 있게 지급되어야 세법상 문제가 없다.

---

57) 다만, 현실적으로는 주총에서 보수한도를 결정한 후 이사회에서 집행한다.
58) '지배주주 등'이란 법인의 발행 주식 총수 또는 출자총액의 100분의 1 이상의 주식 또는 출자지분을 소유한 주주 등으로서 그와 특수관계에 있는 자와의 소유 주식 또는 출자지분의 합계가 해당 법인의 주주 등 중 가장 많은 경우의 해당 주주 등을 말한다.

2. 주주총회·이사회 관련 세무상 쟁점

주주총회 등과 관련된 세무상 쟁점을 정리하면 다음과 같다.

1) 주주총회

주주총회는 주주들의 회의체로서 법인의 최고 의결기구다. 상법 제361조(총회의 권한)에서는 주주총회는 이 법(상법을 말함) 또는 정관에 정하는 사항에 한해 결의[59]할 수 있도록 하고 있다. 세법에서는 주주총회에서 결정된 것들은 대부분 그대로 수용을 해준다. 물론 조세회피 등에 해당하는 경우에는 별도의 규정을 두어 이를 제한하고 있다.

2) 이사회

이사회는 법인의 이사 전원으로 구성된, 업무 집행에 관한 의사결정기관을 말한다. 이사회는 자신들의 이해관계에 따라 회사를 운영할 수 있으므로 주총에서 위임된 범위 내에서 업무를 행하게 된다. 참고로 이사회는 집행기관이므로 여기에서 결정된 것들은 지출의 타당성을 가질 수 있으나, 정관이나 주주총회에서 위임된 근거를 전제로 하는 규정들(임원 퇴직급여 등)은 이사회 결의만으로는 세법상의 효력을 갖기 힘들다는 점에 주의해야 한다.

---

59) 주주총회 결의에는 크게 특별결의와 보통결의가 있다.

3) 대표이사

대표이사는 회사의 업무집행에 있어서 대외적으로 회사를 대표하는 동시에 기업의 내부적 업무에 대해서도 권한을 가지는 이사를 말한다. 대표이사는 회사업무를 대표하므로 회사에서 세무문제가 발생하면 대표이사의 책임으로 귀결되는 경우가 있다. 참고로 소득의 귀속이 불분명한 경우에는 대표이사의 상여로 처분하는 경우가 많다.

4) 감사

상법상의 감사는 이사의 업무집행에 대한 전반을 감사할 수 있는 직책을 말한다. 이러한 감사는 이사와 구별이 되지만 임원에 해당해 다양한 세법상의 규제를 받는다.

※ 주주총회 대 이사회 비교

구분	주주총회	이사회
개념	주주들의 회의체 기관	이사들로 구성된 업무집행기관
권한	회사의 기본적인 사항과 중요한 사항에 대해 결정권한	업무집행의 결정, 지점설치 등
소집절차	회의 2주일 전 통지(10억 원 미만 기업은 10일 전), 3주 전 공고	회의 1주 전에 이사가 소집(이사 등 전원 동의 시 소집절차 생략 가능)
보통결의	·출석 의결권 과반수와 총발행 주식 수의 1/4 이상으로 결의 – 재무제표의 승인 – 배당시기 등 결정	이사 과반수 참석 및 과반수 찬성
특별결의	·출석 의결권 1/3 이상과 총발행 주식 수의 1/3 이상으로 결의 – 정관의 변경 – 이사 및 감사 해임 등	

부록

재무비율
분석기법

01
자본구조의 안정성을
평가하는 방법[60]

　자본구조의 안정성 평가는 약방의 감초처럼 자주 등장한다. 기업의 자본구조가 불안정하면 수익이 나기도 힘들뿐더러 도산의 가능성이 있기 때문이다. 따라서 대체로 우량기업은 부채보다 자본이 훨씬 큰 모양새를 하고 있다. 이러한 관점에서 다음의 내용을 살펴보자.*

* 독자들은 자신이 몸담고 있는 회사의 재무제표나 전자공시시스템(DART)에서 관심 있는 회사의 재무제표를 출력해 직접 분석할 수도 있을 것이다. 참고로 한국은행 홈페이지에서는 기업경영 분석에 대한 자료를 아주 상세히 제공하고 있다.

---

60) 회계정보 이용자들은 각 기업이 발표한 재무제표를 통해 '안정성, 수익성, 활동성, 성장성 등'을 평가한다. 이를 통해 다양한 의사결정을 내리기 위해서다. 따라서 독자들은 이러한 분석기법도 틈틈이 알아둬야 한다. 남들이 하고 있는데 나만 모르고 넘어가는 것은 중도에 회계를 포기하는 것과 같기 때문이다. 이러한 관점에서 이하의 내용을 봐주기 바란다. 참고로 재무비율 분석은 동종기업의 전년도와 비교할 수 있으며, 경쟁기업과도 비교할 수 있으며 더 나아가 산업별로도 비교할 수 있다. 이에 대한 자세한 내용은 '한국은행' 홈페이지 등을 통해 알 수 있다.

1. 사례 1

K기업의 재무상태표가 다음과 같다.

(단위 : 억 원)

구분	상황1	상황2	상황3	상황4	상황5
부채	5	10	20	30	50
자본	10	10	10	10	10
총자본	15	20	30	40	55
자기자본비율	66%	50%	33%	25%	18%

Q[1]. 앞의 상황 1과 상황 5는 어떤 상태에 있는가?

상황 1은 자기자본으로 부채를 상환할 수 있으므로 자본구조의 안정성이 높다고 할 수 있다. 하지만 상황 5는 이와 반대로 자본구조가 상당히 취약하다고 할 수 있다. 채권자를 보호하는 관점에서 자기자본이 어떤 식으로 되어 있는지를 점검하는 것이 매우 중요하다.

Q[2]. 만일 상황 3에서 자기자본비율은 올리려면 어떻게 해야 하는가?

자기자본을 늘리는 방법에는 증자를 통해 자본금을 늘리거나 이익을 많이 내 이익잉여금을 늘리는 방법이 있다. 또 부채를 축소하면 자기자본이 늘어나는 효과가 있다. 이 중 가장 좋은 방법은 이익을 많이 내는 것이다. 이익이 늘어나면 자기자본비율이 개선되고 더나아가 다른 지표들도 개선되어 우량 기업으로 평가받을 수 있다.

Q³. 자기자본비율에 대한 판단기준은?

통상 자기자본비율이 50% 이상이 되면 양호한 자본구조라고 할 수 있다. 최소한 20% 이상은 유지되어야 기업을 유지할 수 있다.

- 자기자본비율 〈 20% ⇒ 위험
- 20% ≤ 자기자본비율 〈 50% ⇒ 보통
- 50% ≤ 자기자본비율 ⇒ 건전

Q⁴. 자기자본비율이 낮으면 경기가 악화되었을 때 어떤 문제가 발생할까?

이자지급이나 차입금 상환에 어려움을 겪는 등 경기변동에 대한 저항력이 약해진다.

2. 안정성의 평가

재무상태표상에서는 자본구조의 안정성과 지불 능력의 안정성 그리고 자산운영의 안정성을 점검할 수 있다.

유동자산	유동부채 비유동부채
비유동자산	자본

위 재무상태표로 안정성 평가하는 방법을 표로 정리하면 다음과 같다.

구분	비율분석	판정기준
① 자본구조의 안정성	·자기자본비율 : (자기자본/총자본)×100% ·부채비율 : (총부채/자기자본)×100%	50% 이상 시 양호 100% 이하 시 양호
② 지불 능력의 안정성	·유동비율 : (유동자산/유동부채)×100% ·당좌비율 : (당좌자산/유동부채)×100%	200% 이상 시 양호 100% 이상 시 양호
③ 자산운용의 안정성	·비유동비율 : (비유동자산/자기자본)×100% ·비유동장기적합률 : [비유동자산/(자기자본+비유동부채)]×100%	100% 이하 시 양호 100% 이하 시 양호

첫째, 자본구조의 안정성을 평가하는 지표는 자기자본비율과 부채비율이 대표적이다. 이러한 비율분석들은 주로 부채가 개입되는 상황에서 얼마나 자본구조가 견실한가를 나타낸다. 실무적으로 자기자본비율은 50% 이상, 부채비율은 100% 이하가 되면 양호한 자본구조라고 할 수 있다.

둘째, 지불 능력의 안정성을 평가하는 지표에는 유동비율과 당좌비율이 있다. 이러한 비율분석은 기업의 단기채무자금 상환 능력이 얼마나 되는지를 평가하는 지표가 된다. 통상 유동비율은 200% 이상, 당좌비율은 100% 이상이 되면 지불 능력이 안정되어 있다고 할 수 있다.

셋째, 자산운용의 안정성에는 비유동비율과 비유동장기적합률이 있다.

기업의 투자는 자기자본 범위 내에서 하는 것이 안전한데, 이때 이를 측정하는 지표가 바로 비유동비율이다. 통상 이 비율이 100% 이하이면 양호하다고 판정한다. 한편 비유동장기적합율은 비유동자산과 장기자본(자기자본과 비유동부채)과의 관계를 분석한 것이다. 이 비율분석은 기업이 소유한 비유동자산이 어느 정도 장기자본으로 투자되었는가를 보여준다. 일반적으로 100% 이하면 양호하다고 본다.

※ 안정성의 개선작업 요약
· 안정성을 개선하기 위해서는 부채를 줄인다.
  → 자기자본의 안정성 강화
· 재고자산을 줄이고 그만큼 당좌자산을 늘린다.
  → 지불 능력의 안정성 강화
· 단기부채는 가급적 장기부채로 전환한다.
  → 자산운용의 안정성 강화

3. 사례 2

K기업의 재무상태표가 다음과 같다고 할 때 자본구조의 안정성, 지불 능력의 안정성, 자산운용의 안정성을 판단하면?

자산		부채	
유동자산	10억 원	유동부채	5억 원
당좌자산	5억 원	비유동부채	5억 원
재고자산	5억 원		
비유동자산	10억 원	자본	10억 원
자산 계 20억 원		**총자본 계 20억 원**	

자료를 바탕으로 답을 찾아보면 다음과 같다.

구분	평가항목	사례의 비율	평가기준	평가
사기사본 안정성	자기자본비율	50%	50% 이상	양호
	부채비율	100%	100% 이하	양호
지불 능력의 안정성	유동비율	200%	200% 이상	양호
	당좌비율	100%	100% 이상	양호
자산운용의 안정성	비유동비율	100%	100% 이하	양호
	비유동장기적합율	66%	100% 이하	양호

위의 분석을 통해 알 수 있는 것은 부채의 비중이 낮을수록 모든 안정성 평가의 지표는 좋아진다는 것이다. 따라서 적절한 부채관리는 필수에 해당한다.

Tip 재무제표 활용법

· 과거연도부터 추세분석(3개년도 이상)을 실시한다.
· 동종업계와 비교분석한다.
· 문제점이 발견되는 경우에는 즉시 시정한다.

02
수익성 평가가
중요한 이유[61]

수익성 평가는 기업이 사업 활동을 제대로 하고 있는지를 평가하는 지표에 해당한다. 수익성이 좋다는 것은 그만큼 현금흐름을 창출할 수 있는 능력이 높다는 것을 의미한다. 지금부터 이에 대한 내용을 점검해보자.

1. 사례 1

K기업의 손익계산서가 다음과 같다.

(단위 : 억 원)

구분	상황 1	상황 2	상황 3
매출액	100	100	100
매출총이익	50	50	40
영업이익	10	20	30
당기순이익	5	15	25

---

61) 주식과 관련된 수익성 평가는 제2장의 말미에서 살펴보았다.

Q¹. 매출액영업이익률이 가장 좋은 상황은?

매출액영업이익률이 가장 좋은 상황은 세번째다. 영업이익을 매출액으로 나누면 30%가 나오기 때문이다.

Q². 상황 1에서 수익성을 좋게 하기 위한 방법은?

일단 수익성을 좋게 하기 위해서는 매출을 증가시키거나 비용을 줄이면 된다.

Q³. 수익성에 대한 평가기준은?

수익성의 경우 비율이 높을수록 좋다. 매출총이익률은 20% 이상, 영업이익률은 10% 이상이 좋다고 한다. 물론 이를 훨씬 초과하면 초과할수록 수익성이 높다고 판단할 수 있다.

2. 수익성 평가

수익성은 주로 손익계산서 항목을 통해 다음과 같이 평가된다.

분석목적	비율분석	평가기준
① 매출액총이익률	(매출총이익/매출액)×100%	20% 이상이 바람직(높을수록 좋다)
② 매출액영업이익률	(영업이익/매출액)×100%	10% 이상이 바람직(높을수록 좋다)
③ 매출액세전순이익률	(세전순이익/매출액)×100%	5% 이상이 바람직
④ 매출액순이익률	(당기순이익/매출액)×100%	높을수록 좋다.
⑤ 총자본*세전순이익률	(세전순이익/총자본)×100%	높을수록 좋다(6% 이상이 바람직).

* 총자본은 재무상태표상의 부채와 자본을 합한 것을 말한다.

앞의 것들 중 ①~③을 점검해보자.

첫째, 매출액총이익률은 매출액에 비해 총이익이 얼마가 되는지를 나타낸 것이다. 이 비율이 높을수록 양호하며 이 비율을 증가시키기 위해서는 매출액을 증가시키거나 매출원가를 줄여야 한다.

둘째, 매출액영업이익률은 매출액에 비해 영업이익이 얼마가 되는지를 나타낸 것이다. 이 비율도 높을수록 양호하며 이 비율을 증가시키기 위해서는 매출액을 증가시키거나 매출원가 또는 판매관리비를 줄여야 한다. 영업이익은 매출총이익에서 판매관리비를 차감해 계산하기 때문이다.

셋째 매출액세전순이익률은 매출액에 비해 세전순이익이 얼마가 되는지를 나타낸 것이다. 이 비율도 높을수록 양호하며 이 비율을 증가시키기 위해서는 매출액과 영업외수익을 증가시키거나 매출원가, 판매관리비, 영업외비용을 줄여야 한다. 세전순이익은 영업이익에 영업외수익을 더하고 영업외비용을 차감해 계산하기 때문이다.

※ 수익성 개선작업
· 매출은 늘리고 매출원가는 줄인다.
  → 매출액총이익률의 개선
· 판매관리비 및 영업외비용을 줄인다.
  → 매출액세전순이익률 및 영업이익률의 개선

3. 사례 2

K기업의 손익계산서가 다음과 같다고 할 때 매출액총이익률, 영업이익률, 세전순이익률을 계산하면?

매출액			4억 원
매출원가	기초상품재고액	1천만 원	1억 6천만 원
	당기매입액	1억 6천만 원	
	기말상품재고액	1천만 원	
매출총이익			2억 4천만 원
판매관리비			1억 3천만 원
영업이익			1억 1천만 원
영업외수익			0
영업외비용			1천만 원
세전순이익			1억 원

앞의 자료에 맞춰 답을 찾아보면 다음과 같다.

구분	실제비율	판단비율	판단
매출액총이익률	60.0%	20% 이상	충족
매출액영업이익률	27.5%	10% 이상	충족
매출액세전순이익률	25.0%	5% 이상	충족

K기업의 수익성은 상당히 양호한 것으로 분석된다.

Tip 이자보상비율의 중요성

이자보상비율은 영업 활동에 의해 벌어들인 수익으로 금융비용을 어느 정도 부담할 수 있는지를 점검할 수 있는 수익성 평가의 한 항목으로서 다음과 같이 계산한다.

$$\cdot \text{이자보상비율} = \frac{\text{영업이익}}{\text{이자비용}} \times 100\%$$

따라서 이 비율이 1(100%)이 안 되는 경우에는 영업이익이 발생하더라도 이자를 갚지 못하는 것을 의미한다. 그 결과 이 기업은 부실기업으로 낙인찍혀 정상적인 경영활동이 불가능할 수 있으므로 이에 대한 분석을 치밀하게 해서 문제점을 해결하는 것이 좋다.

03
활동성을 높이는 방법

활동성 평가는 기업의 자산이 얼마나 활발하게 움직이고 있는지를 평가하는 척도다. 일반적으로 이 비율이 높으면 높을수록 기업의 자산이 활발하게 움직이고 있다고 판단한다. 이하에서 이에 대해 알아보자.

1. 사례 1

K기업의 재무상태표가 상황별로 다음과 같다고 하자. 상황별로 총자본회전율, 재고자산회전율, 매출채권회전율을 계산하고 어떤 상황이 가장 좋은지 평가한다면?

구분	상황 1	상황 2	상황 3
매출	5억 원	10억 원	20억 원
매출채권	5억 원	5억 원	5억 원
재고자산	10억 원	10억 원	10억 원
총자본	5억 원	5억 원	5억 원

Q¹. 활동성 비율분석은?

활동성 비율은 분자를 매출액으로 하고, 총자본이나 재고자산 그리고 매출채권 등을 분자로 해서 계산한다.

구분	상황 1	상황 2	상황 3
① 총자본회전율(회)	1회	2회	4회
② 재고자산회전율(회)	0.5회	1회	2회
③ 매출채권회전율(회)	1회	2회	4회

Q². 활동성 평가는?

앞에서 자산의 활동성은 3의 상황이 가장 좋다. 자본의 활용도도 양호하고 재고자산 및 매출채권의 회전율도 더 낫다.

2. 활동성 평가

활동성 평가는 주로 재무상태표상의 자산항목과 손익계산서상의 매출을 연결해 각종 지표를 분석하는 것을 말한다. 이에는 대표적으로 다음과 같은 방법들이 있다.

구분	비율분석	평가기준
① 총자본회전율(회)	· 연간매출액/(평균)총자본	높을수록 좋다.
② 재고자산회전율(회)	· 연간매출액(매출원가)/(평균)재고자산	8회전 이상
③ 매출채권회전율(회)	· 연간매출액/(평균)매출채권	6회전 이상

첫째, 총자본회전율은 연간 매출액을 총자본으로 나눈 것으로서 자본이 매출액을 기준으로 연간 몇 번이나 회전하고 있는가를 측정하는 것을 말한다. 여기서 총자본은 기초와 기말을 더해 2로 나눈 기중 평균총자본을 쓰는 것이 기말자본으로 쓰는 것보다 합리적이다. 회전율이라는 개념은 연중을 기준으로 따지기 때문이다(다른 자산의 회전율도 동일).

만일 이 회전율이 3회가 나왔다면 총자본의 순환이 매출 대비 3회 있었다는 것을 의미한다. 따라서 회전율이 높다는 것은 그만큼 자금회전이 잘되어 자본을 효율적으로 사용했다고 할 수 있다.

둘째, 재고자산회전율은 1년 동안에 재고자산의 몇 배나 되는 매출을 올렸는가를 나타낸다. 이율은 현금화 속도를 나타내므로 이율이 높을수록 자본 수익성도 올라간다고 할 수 있다. 1년에 8회전 이상 회전하면 양호한 것으로 판단한다. 참고로 재고자산이 일반적으로 취득원가로 평가되어 있어 매출액보다는 매출원가를 이용하는 것이 바람직하다.

셋째, 매출채권회전율은 매출채권이 정상적으로 회전하고 있는 가의 여부를 판단하는 분석기법이다. 매출이 아주 많고 이익이 많이 나더라도 이를 현금으로 회수하지 못하면 자금이 고이는 현상이 발생한다. 따라서 이 분석은 매출채권의 현금화속도를 따져보는 데 도움이 된다. 통상 연간 6회전 이상 회전하면 양호하다고 판단을 내린다.

※ 활동성 개선작업
· 매출액을 증가시킨다. → 총자본회전율의 개선
· 과잉재고를 발생시키지 않는다. → 재고자산회전율의 개선
· 매출채권회수를 촉진한다. → 매출채권회전율의 개선

3. 사례 2

1. K기업의 재무상태표가 다음과 같다. 참고로 매출액은 10억 원이다.

유동자산	유동자산 계		
	당좌자산	당좌자산 계	
		현금	
		매출채권	2억 원
	재고자산		4억 원
비유동자산	비유동자산 계		
	투자자산		
	유형자산		
	무형자산		
자산 계			10억 원

Q¹. 재고자산회전율과 매출채권회전율은 각각 얼마가 되는가?

재고자산회전율	매출채권회전율
2.5회	5회

사례의 경우 재고자산은 2.5회로 판정기준인 8회에 훨씬 못 미친다. 또한 매출채권은 판정기준 6회에 미달해 역시 이 회전율이 좋지 못하다.

Q². 이러한 회전율을 높이기 위해서는 어떻게 해야 하는가?

일단 재고자산회전율을 올리기 위해서는 매출속도를 빨리 가져가는 전략을 취해야 한다. 따라서 현금매출을 강조하도록 한다. 매출채권회전율의 경우에는 매출채권을 조기에 회수할 수 있도록 채권회수기간을 단축시키는 등의 조치를 취할 필요가 있다.

Q³. 총자산회전율은 1회가 된다. 자산이 효율적으로 사용되고 있는가?

총자산회전율(매출액/총자산)이 1회에 불과하므로 자산의 효율성이 떨어진다고 볼 수 있다. 따라서 이율을 높이기 위해서는 매출액을 증대시키거나 불필요한 자산을 줄여야 할 것이다.

2. 다음 두 기업 중 어느 기업이 더 자본을 효율적으로 사용하고 있을까?

A기업	B기업
·총자본 5억 원 ·연간 매출액 20억 원	·총자본 100억 원 ·연간 매출액 200억 원
·총자본회전율 = 4회(20억 원/5억 원)	·총자본회전율 = 2회(200억 원/100억 원)

Q¹. 총자본회전율이 높다는 것은?

총자본회전율은 손익계산서상의 연간 매출액을 재무상태표상의 총자본(타인자본+자기자본)으로 나눈 비율을 말한다. 이 비용은 현재 투입된 자본이 얼마나 효율적으로 사용되어 매출을 달성했는지를 알아볼 수 있는 척도다.

일반적으로 총자본회전율이 높으면 한 단위의 자산에 의해서 보다 높은 매출이 실현되었다고 판단 내릴 수 있다.

Q². 사례의 경우 어떻게 평가되는가?

앞의 표를 보면 A기업의 총자본회전율은 4회, B기업은 2회다. 즉 A기업은 총자본 5억 원의 4배인 20억 원의 매출을 올리고 있는 셈이고, B기업은 2배를 올리고 있는 셈임을 알 수 있다. 따라서 단순비교를 하면 A기업이 자본을 더 효율적으로 사용하고 있음을 알 수 있다.

Q³. B기업이 총자본회전율을 A기업과 같은 4회로 늘리면 매출액은 얼마나 늘어날까?

일단 총자본이 100억 원이므로 매출액이 400억 원이 되어야 회전율이 4회로 된다.

Q⁴. 실무적으로 회전율을 높이는 방법에는 어떤 것들이 있을까?

매출액을 늘리거나 총자본을 줄이면 된다. 물론 총자본을 줄일 때는 부채를 먼저 줄인다. 자본에는 부채도 포함되어 있기 때문이다.

04
성장성이 좋은 기업을
발굴하는 방법

성장성 평가는 기업이 전기에 비해 얼마나 성장했느냐를 가늠할 수 있는 지표분석기법을 말한다. 보통 매출액, 유형자산, 총자산을 가지고 평가한다. 일반적으로 성장률이 높은 기업이 좋은 기업이라고 할 수 있다.

1. 사례 1

K기업의 당기와 전기의 주요 재무내용이다.

구분	당기	전기
매출액	15억 원	10억 원
유형자산	1억 원	2억 원
총자산	8억 원	5억 원

Q¹. 매출액은 전기에 비해 얼마나 성장했는가? 그리고 이렇게 매출액이 증가하면 이익도 증가하는가?

전기에 비해 5억 원만큼 매출액이 증가되었다. 이를 증감율로 따지면 50%가 된다. 이렇게 매출액이 증가되면 이익도 같이 증가될까? 일단 고정비의 증가 폭이 크지 않는다면 이익이 날 가능성이 높다. 물론 매출증가율에 비례해 이익이 증가될지는 별도로 검토해야 한다.

Q². 유형자산은 전기에 비해 오히려 줄어든 이유는 무엇인가?

우선 매출이 증가해 이익이 발생했더라도 재투자를 하지 않으면 유형자산은 증가하지 않는다. 그런데 사례처럼 유형자산이 오히려 감소한 경우에는 두 가지 정도의 사유가 발생했을 가능성이 높다.

· 유형자산을 처분한 경우
  → 유형자산을 처분하면 유형자산이 감소한다.
· 감가상각을 시행한 경우
  → 유형자산의 기초장부가액에서 감가상각비를 차감하면 기말장부가액이 줄어들게 된다.

Q³. 총자산은 전기에 비해 늘어난 이유는?

총자산은 유동자산과 비유동자산을 합한 것을 말한다. 따라서 사례처럼 유형자산은 감소했으나 총자산이 증가한 것은 유형자산 외의 다른 자산의 증가 폭이 컸기 때문이다. 구체적으로 매출 증가에 따른 현금이나 채권 유입이 있었다고 추정할 수 있다.

2. 성장성 평가

성장성 평가를 위해 자주 동원되는 주요 지표를 열거하면 다음과 같다. 성장성은 매출액, 총자산 등의 항목을 이용한다.

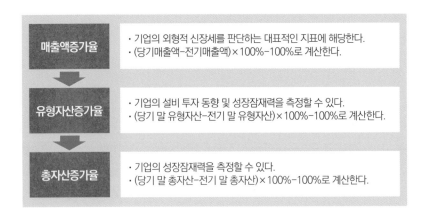

→ 성장성 평가는 주로 전기에 비해 얼마나 성장했느냐를 기준으로 하므로 앞의 지표 외에도 다양한 분석이 가능하다. 예를 들어 전기의 영업이익과 당기의 영업이익을 비교해볼 수도 있다.

Q. 성장률에 대한 평가기준은 어떻게 되는가?

일단 전기보다 성장하면 좋다고 할 수 있다. 이때 최근의 추세를 감안해 최종 판단을 하는 것이 좋다.

3. 사례 2

K기업의 당기와 전기의 손익은 다음과 같다. 이 기업의 손익 측면에서 성장성을 평가하면?

구분	당기	전기	증감율
매출액	120억 원	100억 원	20%
매출원가	60억 원	50억 원	20%
매출총이익	60억 원	50억 원	20%
판매관리비	35억 원	30억 원	16.6%
영업이익	25억 원	20억 원	25%
법인세비용	5억 원	4억 원	25%
당기순이익	10억 원	16억 원	25%

매출액이 전기보다 20% 성장했고, 그에 따라 매출총이익도 20% 성장했다. 또한 영업이익과 당기순이익도 25% 성장한 것으로 나타났다.

Tip 재무비율 분석(종합)

실무에서 많이 등장하는 재무분석 지표를 종합하면 다음과 같다.

1. 안정성 평가

구분	비율분석	평가기준
① 자기자본의 안정성	자기자본비율 : (자기자본/총자본)×100%	50% 이상
	부채비율 : (총부채/자기자본)×100%	100% 이하
	차입금의존도 : (차입금*/총자본)×100% * 차입금 : 회사채+장단기차입금	30% 이하
② 지불 능력의 안정성	유동비율 : (유동자산/유동부채)×100%	200% 이상
	당좌비율 : (당좌자산/유동부채)×100%	100% 이상
③ 자산운용의 안정성	비유동비율 : (비유동자산/자기자본)×100%	100% 이하
	비유동장기적합율 : [비유동자산/(자기자본+비유동부채)]×100%	100% 이하

2. 수익성 평가

분석목적	비율분석	평가기준
① 매출액총이익률	(매출총이익/매출액)×100%	20% 이상이 바람직(높을수록 좋다)
② 매출액영업이익률	(영업이익/매출액)×100%	10% 이상이 바람직(높을수록 좋다)
③ 매출액세전순이익률	(세전순이익/매출액)×100%	5% 이상이 바람직
④ 매출액순이익률	(당기순이익/매출액)×100%	높을수록 좋다.
⑤ 총자본세전순이익률	(세전순이익/총자본)×100%	높을수록 좋다(6% 이상이 바람직).

3. 활동성 평가

구분	비율분석	평가기준
① 총자본회전율(회)	연간매출액/(평균)총자본	높을수록 좋다.
② 재고자산회전율(회)	연간매출액(매출원가)/(평균)재고자산	8회전 이상
③ 매출채권회전율(회)	연간매출액/(평균)매출채권	6회전 이상

4. 성장성 평가

구분	비율분석	판정기준
① 매출액증가율	(당기매출액−전기매출액)×100%−100%	높을수록 좋다.
② 유형자산증가율	(당기 말 유형자산−전기 말 유형자산)×100%−100%	높을수록 좋다.
③ 총자산증가율	(당기 말 총자산−전기 말 총자산)×100%−100%	높을수록 좋다.

→ 경영(재무)분석에 대한 자세한 내용은 한국은행의 홈페이지를 방문해 살펴보기 바란다.

| 사례 |

K기업의 재무제표가 다음과 같다. 자료를 보고 K기업의 경영상태를 분석하면?

〈재무상태표〉

자산 　유동자산　　10억 원 　비유동자산　10억 원	부채 　유동부채　　5억 원 　비유동부채　5억 원
	자본　　　　　10억 원
자산 계 20억 원	총자본 계 20억 원

〈손익계산서〉

구분	금액
매출액	10억 원
매출원가	5억 원
매출총이익	5억 원
판매관리비	4억 원
영업이익	1억 원
당기순이익	9천만 원

〈현금흐름표〉

구분	금액
영업 활동에 의한 현금흐름	1억 원
투자 활동에 의한 현금흐름	
재무 활동에 의한 현금흐름	

앞에서 주어진 내용을 참고로 해서 부채비율, 유동비율, 매출액영업이익률, 총자산순이익률을 계산해보자.

구분	K기업의 비율	판정기준	판정결과
부채비율(부채/자기자본)	100%	100% 이하	양호
유동비율(유동자산/유동부채)	200%	200% 이상	양호
매출액영업이익률	10%	10% 이상	양호
총자산순이익률	4.5%	5% 이상	미흡

→ K기업은 부채비율 등이 대체로 양호하다고 판단된다. 다만, 총자산순이익률은 다소 미흡한 것으로 보인다.

기업 경영자의 입장에서는 자신이 운영하고 있는 기업이 외부로부터 좋은 평가를 받기를 원한다. 그래야 정책자금이나 은행대출 등을 쉽게 받을 수 있기 때문이다. 여기에 더 나아가 투자자들로부터 관심을 받을 수도 있고, 궁극적으로 자신의 보수를 높일 수도 있다. 따라서 이러한 관점에서 신용평가는 상당히 중요할 수 있다.

1. 사례 1

K기업의 재무 관련 자료가 다음과 같다.

재무상태표		
자산	부채	20%
	자본	80%

손익계산서	
수익	
비용	
이익	100억 원

현금흐름표	
영업 활동	△20억 원
투자 활동	
재무 활동	

Q¹. 이 기업은 신용등급이 높은 편인가?

신용등급은 일반적으로 채무를 이행할 능력과 그 의사가 얼마나 있는지를 표시한 등급을 말한다. 따라서 이 등급이 높기 위해서는 그 기업에 대한 평가가 좋아야 한다. 일반적으로 재무적인 측면에서는 부채비율이 낮고, 이익이 많이 나고 유동성이 좋은 기업이 등급이 높다고 할 수 있다. K기업의 경우 부채비율이 매우 낮고 이익이 많이 나는 것으로 보이기 때문에 일단 등급이 높을 가능성이 높다.

Q². 이 기업은 현재 영업 활동에 의한 현금흐름이 좋지 않다. 그 이유는 무엇인가?

이익은 100억 원이 났으나 영업 활동에 의한 현금흐름이 오히려 20억 원 적자가 났다는 것은 미수금이 증가했음을 알 수 있다.

Q³. 이 기업은 투자를 위해 자금이 필요하다. 자금조달은 어떻게 해야 할까?

현재 영업 활동에 의한 현금흐름이 불량하므로 재무 활동(차입이나 증자 등)에 의한 현금을 유입시켜 이를 충당하거나 보유한 투자 자산을 처분해 이를 투자금으로 사용할 수 있을 것이다.

2. 신용등급을 높이는 방법

신용등급이 높은 기업이 되려면 해당기업의 재무제표가 다음과 같이 관리가 되어야 한다.

재무상태표
- 자산 → 장부상의 자산이 현금흐름을 창출할 수 있는 능력이 커야 한다.
- 부채 → 부채가 얼마 되지 않아야 한다.
- 자본 → 기업을 유지할 수 있는 자본력과 재투자할 수 있는 사내유보금이 많아야 한다.

손익계산서
- 수익 → 지속적으로 매출액이 증가해야 한다.
- 비용 → 매출원가 및 판매관리비가 효율적으로 집행되어야 한다.
- 이익 → 매출총이익, 영업이익, 당기순이익이 꾸준히 증가해야 한다.

현금흐름표
- 영업 활동으로 인한 현금흐름 → 잉여현금흐름이 발생하고 있어야 한다.
- 투자 활동으로 인한 현금흐름 → 미래를 위해 투자를 집행하고 있어야 한다.
- 재무 활동으로 인한 현금흐름 → 차입금 조달보다는 주식 발행 등에 의한 자금조달을 해야 한다.

3. 사례 2

K기업의 현재 재무상태표가 다음과 같다고 하자. 이 기업은 그동안 벌어들인 돈으로 부동산에 투자해 현재까지 이를 보유하고 있다. 그런데 이자비용도 과중하고, 또 부채비율이 160%를 넘어 부채가 많은 기업으로 인식되어 신용등급이 좋지 못한 상황에 있다. 이 기업의 경영자는 투자 부동산을 처분해서 부채 중 일부를 상환하고자 한다. 이 경우 부채비율은 얼마로 떨어질까? 그리고 신용등급은 좋아질까?

자산	80억 원	부채	50억 원
투자 부동산	20억 원	**자본**	30억 원
기타	60억 원	자본금	5억 원
		잉여금	25억 원

신용등급은 부채의 상환능력을 주로 보기 때문에 자본구조의 안정성이 불안하면 좋은 점수를 기대할 수가 없다. 부채비율이 높으면 부채상환능력이 떨어지고 그 결과 채무불이행 위험이 높아지기 때문이다. 이러한 상황에서는 신용등급을 높이기 위한 조치를 강구할 필요가 있다. 앞의 사례로 분석을 해보자.

STEP 1 부동산을 처분한 경우

만일 K기업이 부동산을 20억 원에 팔면 다음과 같이 회계처리가 된다.

(차변) 현금 20억 원   (대변) 부동산 20억 원

STEP 2 처분대금으로 부채를 상환한 경우

처분대금으로 부채를 상환하면 다음과 같이 별도로 회계처리가 된다.

(차변) 부채 20억 원   (대변) 현금 20억 원

그 결과 앞의 재무상태표는 다음과 같이 변한다.

자산	60억 원	부채	30억 원
투자 부동산	0억 원	**자본**	30억 원
기타	60억 원	자본금	5억 원
		잉여금	25억 원

STEP 3 부채비율의 변화

그렇다면 부채비율은 어떻게 변했을까? 당초 166% 정도 되었으나 부동산 처분 후에는 부채와 자본이 동일하게 변했으므로 부채비율은 100%가 된다.

→ 이처럼 신용등급을 올릴 때 부채의 감소가 절실한데, 이를 위해서는 자산 중 불필요한 자산을 정리하는 것이 지름길이 된다(기업구조조정의 일환).

지금까지 회계와 재무제표에 대해 이런저런 내용들을 살펴보았다. 그
렇다면 왜 이런 공부를 해왔을까?

이는 누말할 필요 없이 본인과 회사를 위해서다. 회계지식을 바탕으
로 업무처리를 하는 것이 본인 및 회사의 성장에 도움이 되기 때문
이다. 따라서 궁극적으로 기업에 재직하고 있는 모든 임직원들은 회
계와 재무제표에 대한 지식을 보유하고 있는 것이 좋다. 이하에서는
좋은 기업을 만들기 위해 어떤 노력들이 필요한지 회계측면에서 점
검해보자.

1. 재무상태표 측면

기업이 보유한 자원은 눈에 보이는 자산도 있고, 보이지 않는 자산도
있다. 좋은 시설과 좋은 인재들이 결합된 기업은 더 많은 이익을 창출
할 가능성이 높다. 따라서 보유한 자원은 우량자산이 되도록 관리할
필요가 있다. 여기서 우량한 자산이란 풍부한 현금성자산, 양질의 재

구분		우량자산을 보유하는 방법
유동 자산	당좌자산	언제든지 동원 가능한 현금 및 예금을 보유한다. 또한 영업부 같은 곳에서는 매출채권의 불량화를 방지하는 것도 매우 중요하다.
	재고자산	적정재고를 유지하며, 최적품질을 유지한다. 그런데 재고자산의 문제는 생산부만의 문제는 아니다. 왜냐하면 재고자산의 수량은 영업 성과에 좌우되며, 제품의 질은 자재부나 제품개발부 등에 의존하기 때문이다. 따라서 재고자산은 결국 각 부문을 통합하는 능력이 있어야 관리가 될 수 있다.
비유동 자산	투자자산	최대한 수익성을 낼 수 있는 자산에 투자한다. 예를 들어 기업의 여유자금으로 주식이나 부동산 투자를 할 수도 있을 것이다.
	유형자산	생산이나 작업효율을 최대한 올릴 수 있는 자산을 구입한다. 진부화가 되지 않도록 자산관리를 한다.
	무형자산	라이센스, 특허권 등 지적재산권을 확보한다. 이외에도 임직원의 능력을 최대한 발휘시킨다.

고 자산, 최신의 설비, 그리고 가장 중요한 자산인 능력 있는 임직원을 말한다. 이러한 우량 자산을 어떻게 보유하는지 재무상태표의 항목을 기준으로 알아보면 앞의 표와 같다.

2. 손익계산서 측면
첫째, 매출액 부분을 보자.

기업을 평가할 때 가장 중요한 요소 중 하나는 매출이다. 일단 매출이 크면 이익과 현금흐름이 좋아질 가능성이 높기 때문이다. 그런데 현실적으로 매출액에 대해 직접적으로 책임지고 있는 부서는 영업 부서라고 할 수 있다. 따라서 영업 부서는 경영목표상에 잡혀 있는 매출을 달성하기 위해 노력을 아끼지 않아야 한다. 물론 목표 매출을 달성하는 과정에서는 판매촉진비 등이 과도하게 투입되는 것은 수익성을 악화시키므로 이를 고려할 필요가 있다. 그리고 영업 부문에 종사하지 않는 임직원들도 이에 관심을 두고 지원하는 것이 필요하다.

둘째, 매출원가 부분을 보자.

제조업이든, 서비스업이든 매출액에 대응되는 매출원가가 회사이익에서 차지하는 비중은 절대적이다. 그래서 모든 비용 중에서 이 매출원가를 우선해서 줄이는 것이 매우 중요하다. 매출원가가 매출액에서 차지하는 비중이 작을수록 기업의 이익은 커질 가능성이 높기 때문이다. 생산부의 경우 노동의 질이나 작업방법 등에 따라 생산원가가 달라지므로 생산 공정의 전후에 걸쳐 원가를 절감시킬 수 있는 방법을 모색해야 한다. 이외에 제품개발부는 원가를 고려해 제품개발을 해야 하고, 구매부는 품질이 좋고 가격이 저렴한 자재를 구매할 수 있어야 한다.

셋째, 판매관리비와 영업외비용 부분을 보자.

판매관리비는 판매와 일반관리를 위해 들어간 제반비용을 말한다. 영업외비용은 주된 영업과 관련 없이 발생하는 비용을 말한다. 이러한 비용을 통제하는 방법을 알아보자.

일단 인건비의 경우에는 직무분석 등을 통해 적정인원을 유지할 필요가 있다. 이렇게 하면 인건비나 기타 사람과 관련된 비용이 통제된다. 이외에 총무부의 경우에는 기업 자산관리가 부실화되지 않도록 할 필요가 있으며, 인사교육부서는 적정인원과 업무지식의 유지를 위해 교육을 충실히 진행할 필요가 있다. 생산이나 영업을 담당하지 않는 경영지원부서는 고유의 업무를 개선시키는 것이 결과적으로 원가를 줄이는 길이 될 것이다. 이외에 자금조달을 책임지는 자금부서는 자사에 맞는 자금조달방법을 늘 연구해야 할 것이다.

3. 현금흐름 측면

현금흐름 경영이 매우 중요한 이슈가 되고 있다. 제아무리 흑자가 난

| 요약 |

구분		손익계산서	재무상태표	현금흐름표
경영목표		이익을 증대시킨다.	우량한 자원을 보유한다.	현금유입을 촉진한다.
부서	영업부	매출액을 극대화한다. 판매비용을 극소화한다.	매출채권 및 재고관리를 한다.	매출채권을 조기에 회수한다.
	생산부	원가를 줄인다.	양질의 제품을 제조한다.	재고자산회전율을 높인다.
	인사부	적정 인원을 유지하고 양질의 교육훈련을 실시한다.	우수한 직원을 채용한다.	적정 인원을 유지한다.
	총무부	업무를 효율적으로 집행한다.	기업의 자산을 효율적으로 관리한다.	소모성 경비를 줄인다.
	연구개발	연구개발의 실패 횟수를 줄인다.	상품성이 뛰어난 제품을 개발한다.	최적의 연구개발을 수행한다.
	경영관리	전체의 손익관리를 한다.	자원을 적재적소에 배치한다.	자금수지에 대해 일일 점검을 한다.
	경리회계	회계처리를 올바르게 수행하고 세무관리 지침을 전파한다.	자금 유·출입에 대한 관리를 한다.	불량채권 등에 대한 감시를 한다.
	경영자	경영개선을 실시한다.	자산과 부채를 통합관리한다.	자금정책에 대해 의사결정을 한다.

들 현금흐름이 불량해지면 하루아침에 기업이 도산할 수도 있기 때문이다. 그런데 기업이 자금 면에서 문제가 없기 위해서는 영업 활동에 의한 현금흐름이 풍부해야 한다.

이를 위해서는 매출채권이나 재고자산 등의 자산이 효율적으로 활용되어야 한다. 불필요한 자산이 묶여 있다면 당연히 현금흐름이 좋지 않게 되기 때문이다. 그리고 무엇보다도 기업들이 불필요한 지출을 하지 않도록 사전에 시스템을 갖추는 것도 중요하다.

맺음말

이 책을 읽은 독자들도 느꼈겠지만, 그 어떤 책을 통해서도 회계와 재무제표를 한 방에 이해하는 것이 쉽지 않음을 알 수 있었을 것이다.

그 이유는 명확하다.

본인이 직접 회계처리를 해보지 않았고 재무제표를 만들어보지 않았기 때문이다. 저자의 경우 5년간 회사생활을 하면서 그리고 세무사로서 20여 년간 여러 기업의 회계와 세무관리를 하면서 직접 재무제표를 만들어보고 분석해봤기 때문에 이런 말을 자신 있게 할 수 있다.

실제 이러한 이유로 회계에 관련된 책을 더 이상 집필하기가 꺼려졌다. 아무리 쉽게 설명을 한다고 하더라도 이를 완벽히 이해하는 것이 사실상 불가능에 가까운 이유에서였다. 하지만 아직도 회계에 대해 감을 잡지 못하고 있는 회계초보자들이 회계에 대한 개념이라도 잡을 수 있도록 해달라는 출판사의 간곡한 요청을 받아들여 용기를 내 책을 집필하기로 했다.

집필하면서 어떻게 하면 회계초보자들이 좀 더 회계를 쉽게 이해하고 친숙하게 받아들일까 하는 생각을 많이 하게 되었다. 물론 이론적인 내용에만 치중할 수도 없었고, 그렇다고 남들 회사의 재무제표에 표시된 숫자를 나열해놓고 이를 분석하는 것도 별로 의미가 없어 보였다. 기초가 약한 독자들에게는 오히려 흥미를 떨어뜨리기 때문이다.

그래서 하는 수 없이 그동안 저자가 집필하고 실무에서 경험했던 시간을 믿고, 회계초보자들이 가장 쉽게 회계와 재무제표에 도달할 수 있는 접근법을 사용하기로 했다.

〈회계와 재무제표에 쉽게 접근할 수 있는 루트〉
회계개념 → 회계원리 → 각 재무제표 구성요소 이해 및 분석 → 각 재무제표 통합분석 → 재무비율 분석

우선 회계가 필요한 이유를 경제적인 관점에서 살펴보고, 이를 정리하는 과정을 설명하는 데 좀 더 치중했다. 구체적으로 이익을 어떤 식으로 계산하고 분배하는지, 그리고 어떤 과정을 거쳐 재무제표가 탄생하는지를 알기 쉽도록 서술하고 싶었다. 원리만 알면 복잡해 보이던 재무제표도 몇 줄로 정리가 될 수 있기 때문이다. 예를 들어 S전자의 재무상태표는 몇 장이 될 수 있지만, 이는 다음과 같이 두 줄로 정리할 수 있다. S전자의 자산은 여러 가지 계정과목이 흩어져 있을 뿐 이를 합계한 것은 자산에 해당하기 때문이다. 부채와 자본도 마찬가지다. 물론 각 계정과목을 보면 당최 이해가 안 되는 것들도 많지만 어찌 되었든 다음과 같이 3개의 항목으로 정리가 된다.

자산	부채
	자본

  이에 혹자는 회계를 제대로 공부하기 위해서는 세부적인 계정과
목부터 공부해야 하는 것은 아니냐고 반문할 수 있다. 당연하다. 하
지만 이는 회계업무가 본업에 해당하는 경우만 그렇지, 비회계부
서원의 경우에는 가당치 않은 말이다. 각 계정과목을 제대로 공부
하려면 회계공부만 수년을 해야 할지도 모른다. 한마디로 비능률
적이라는 것이다. 그 대신 앞서 제시한 접근법에 따라 회계와 재무
제표를 이해하는 것이 훨씬 더 효율적이다. 기초가 튼튼해야 그 위
에 집을 지을 수 있는 이치와도 같다.

  독자들이 조금 더 재무제표를 이해하고 싶다면 누차 이야기하지
만, 직접 회계처리를 하고 재무제표를 작성해보는 것이 좋다. 재무
제표는 회계처리 하나하나가 쌓여 만들어지기 때문이다. 요즘은 전
산 환경이 좋아서 숫자만 넣으면 자동으로 재무제표가 뚝딱 만들어
진다. 이러한 기초적인 내용을 무시한 상태에서 무미건조한 회계책
을 보다가는 금방 흥미를 잃고 말 것이다.

  회계는 계륵 같은 존재다.
  모르고 지나치고 싶지만 그럴 수도 없고, 공부하자니 금방 흥미

를 잃고 만다. 하지만 이 책에서 제시한 정도만 알고 있더라도 본인이 몸담고 있는 회사나 가족들이 운영하는 회사의 재무제표 정도는 볼 수 있을 것이다. 그리고 더 나아가 자신의 회사를 창업할 때에도 많은 도움을 얻을 수 있을 것이다. 거기에 덤으로 부동산이나 주식 재테크 등을 할 때도 다양한 영감을 줄 것이다.

회계에는 왕도가 없다.

그래도 시작은 기본기를 다지는 것부터 출발해야 하는 것이 아닐까 싶다. 남들이 만들어준 엉터리 재무제표를 놓고 이러쿵저러쿵할 필요가 없다. 최소한 재무제표가 잘 만들어졌는지, 남들을 속이고 있는지 정도는 스스로 판단할 수 있어야 하지 않을까?

독자들의 건승을 기원한다.

신방수 세무사의
직장 생활에서 한 걸음 앞서 나가는 Reset 회계 공부

제1판 1쇄 2022년 1월 3일
제1판 2쇄 2024년 2월 15일

지은이 신방수
펴낸이 허연 **펴낸곳** 매경출판㈜
기획제작 ㈜두드림미디어
책임편집 배성분 **디자인** 디자인 뜰채(apexmino@hanmail.net)
마케팅 김성현, 한동우, 구민지

매경출판㈜
등 록 2003년 4월 24일(No. 2-3759)
주 소 (04557) 서울시 중구 충무로 2(필동 1가) 매일경제 별관 2층 매경출판㈜
홈페이지 www.mkbook.co.kr
전 화 02)333-3577
이메일 dodreamedia@naver.com
인쇄·제본 ㈜M-print 031)8071-0961

ISBN 979-11-6484-356-5 03320

부동산 도서 목록

📍 부동산 도서 목록 📍

📍 부동산 도서 목록 📍

2일 만에 월세 200만 원 받는
월세 부자 레시피
이제 당신도 부자가 될 수 있다!

직장인들도 쉽게 따라할 수 있는
新 부동산 공매 가이드북
실전편

양도·증여·상속의 모든 것
기막힌
부동산 절세의 비밀
생활 속의 세금 상식을 담은 절세 필독서

경매·NPL, 투자자의 자신이도 꼭 알아야 하는
부동산 매매임대사업자 세무 가이드북
Real estate Business Tax Guide Book
실전편

나는 부동산 투자로 파산자에서 100억 부자가 되었다

경험해야 실은 경매 투자자들의 신세계
지분경매, 공유지분, 독점경매
남들과 경쟁하기 싫고, 흥자 전부 독식하고 싶다!

대한민국 1%만 알고 투자하는
신''의 재테크
GPL 투자의 기적
은행 금리보다 10배 이상 고수익 가능한 재테크의 발견

입찰에서 취득까지, 배당에서 명도까지 부동산 경매의 모든 것
이것이 진짜 성공 경매다
가치 투자로 승부하라! 실패를 최소화하는 성공 투자 비법

부동산 전문 여자문서의 재테크 실전편
결혼은 선택이지만 부동산 투자는 필수다
부동산만을 맹목을 지양해주는 연애 비서지는 없다

부자 되는 주택 임대사업
이제 대세는 수익형 부동산이다
평생 돈 걱정 없이 사는 월세 부자 되기

돈 버는 공인중개사는 따로 있다
이만 갖춰라도 돈 되지 않고 수익을 창출하는 부동산 중개 노하우

노기우현·고진영식·이강욱·나재덕
부동산 정책 분석
시장을 이기는 정책은 없다
부동산 정책을 알면 시장이 보인다!

수익형 부동산 건축과 재테크 투자 비법
헌집 살래 새집 살래
건축을 알면 길이 부동산의 천보에 보인다!

전세가를 알면 부동산 투자가 보인다
시장 심리를 파악하면, 투자 흐름이 보인다! 부동산 가격 변화의 비밀 '집값, 전세, 정책'

서울시 공정경제과 주무관이 알려주는
부동산 거래와 판례
부동산 문제에서 가장 안전한 방법 쉽게 정리된 부동산의 교과와 사례의 모든 것이다

스타들의 부동산 재테크
스타들이 사생활보다 더 궁금한 그들만의 부동산 투자
스타가 좋아하는 부동산은 따로 있다?

지분 경매로 토지 개발업자 되기
경매 알선은 책 초보를 다룬 실버바이블

부동산 재테크 역세권이 답이다
철도 및 역세권 15년 경력의 노하우

세무사 30명이 알려주는
세무조사 대비의 모든 것
아는 만큼 보인다!

향후 5년 부동산 정책 핵심 공략
문재인 시대 부동산 트렌드

서울시 상임경제과 주무관이 알려주는
상가임대차
분쟁 솔루션

지금 이렇게만 상공해도 소강의 주택 재테크
주택 연출가
무조건 따라하기

커피 한 잔 값으로 초대형 오피스 주면 되기
리츠
얼리어답터

고수에게 만나주는 블루오션 토지 경매
신의 한 수
금맥 경매

주택·아파트 매각·증여·공기 전세 꼭 알아야 하는
주택 아파트
세무 가이드북
실전편

권리분석 완전정복으로
10년 안에 10억 벌기

고수가 알려주는 불황 타령 말 위기에 따른 거
대한민국을 움직이는 땅 투자 법칙 100

땅투자
10단계 절대불변의 법칙

흔한 직장인의 출하지 않은 투입 경매 성공기
돈의 보감
평범한 샐러리맨, 투잡 경매로
5년에 10억 벌다

나는 갭 투자로
300채 집주인이
되었다

토지 세무
가이드북
실전편

부동산 건·규제, 분담 입찰 하락을 훈련
新 상가 투자
보물 찾기

상가투자자라 공인중개사도 꼭 알아야 하는
상가 세무
가이드북
실전편

NPL
가격 산정의 비밀

응답하라!!
위기의 부동산

나는 토지 경매로
금맥을 캔다

토지보상경매
실전활용

개인·개인사업자·법인CEO도 꼭 알아야 하는
세무조사 실무
가이드북
실전편

야생화의
기초 경매

자산을 불링불링 키우는
포인트 경매